悅讀中國

風味湖北

李開壽、唐昌華　主編

《荊楚風・湖北旅遊叢書》
● 編委會

主　任：晏蒲柳　錢遠坤

副主任：周正素　李開壽　徐　勇　陳祖剛　唐昌華
　　　　劉　晗　文漢臣

成　員：王泰格　李　平　張　珉　陳　偉　高　晴
　　　　童建新　李兆金　杜　勇　余世燕　王令德
　　　　王李力　李啟金

顧　問：熊召政

主　編：李開壽

副主編：唐昌華

編　寫：高　晴　陳同月　李　濤　李長林　曹巧紅
　　　　張　超　馬　冲　陳　丹　冉豔麗　劉　方
　　　　鄭愛民　程芙蓉

編　務：許　輝　李巧玲

序

　　花了一個星期的時間，讀完這套《荊楚風・湖北旅遊叢書》，全書共有《風光湖北》《風雲湖北》《風味湖北》《風尚湖北》四冊。

　　讀完四冊，第一個感慨是編撰者下了大功夫、苦功夫。循常例，比類分的編撰是比較容易完成的。只要藉助一些工具書，從網上下載一些資料，稍加整理即可成冊。但是，這套書的寫作者卻是不肯當「文抄公」，而是認真研究古籍，整理掌故，踏勘山水，比較名勝。力爭做到心中有像，呈現雲霧之錦；筆下生花，不留遺珠之憾。我想，編撰者的初衷，是想寫一套介紹湖北旅遊資源的工具書。但是，在討論體例、寫作規模的時候，一次一次地昇華自己的想法，提高編撰的標準，最終形成了現在這套書高雅的品位和質量。

　　用風光、風雲、風味、風尚四個大家耳熟能詳的詞彙，來描繪湖北的山川地貌、人文歷史、風土人情、現代時尚，也體現了編撰者的匠心。作為地地道道的湖北人，書中所介紹的名勝古蹟，我大都探訪過；所描摹的歷史人物，我也景仰心儀；至於江湖城郭、樓台寺觀，甚至草木花卉、歲時風土，我也生活其中，大都熟悉。細細讀來，感到編撰者的彩筆融進了真摯的愛、濃郁的情；飽含了對家鄉的熱愛、對荊山楚水江漢大地的深情。這套書不僅對旅遊者有著強大的吸引力，亦可作為鄉

土教材，喚起遊子們的鄉愁，加深他們對家鄉的印象。

感謝省旅遊委完成了這套書的編撰及出版，作為湖北的一項文化惠民工程，功莫大焉！相信這套叢書問世之後，一定會得到旅遊者、讀者的喜愛，也一定會得到多方面人士的評價及檢驗。集思廣益，集腋成裘，我相信這套書還會不斷昇華提高，推出修訂版、升級版。

是為序。

熊召政

2018 年 3 月 26 日於龍潭書院

目錄

風味湖北賦　陸令壽

01 章 民俗

第一節・民間風俗　014

哭嫁	014	新洲花朝節	023
土家族女兒會	016	湖北漢族婚俗	025
土家族跳喪	017	江漢平原「放濠」	026
吃粽子與賽龍舟	018	關帝廟會	027
打糍粑	020	湖北年俗	029
漢陽歸元廟會	022		

第二節・民間音樂　031

長江峽江號子	032	薅草鑼鼓	037
利川《龍船調》	033	荊州馬山民歌	038
宜昌絲竹	034	呂家河民歌	039
沮水巫音	035	京山田歌	040
長陽山歌	036		

第三節・民間舞蹈　042

土家族「撒葉兒呵」　042　　麻城花挑　048

土家族擺手舞　044　　通城拍打舞　050

利川「肉連響」　045　　鄖陽鳳凰燈舞　051

八寶銅鈴舞　046　　南漳端公舞　052

潛江草把龍　047

第四節・地方戲劇　054

漢劇　054　　南劇　063

楚劇　055　　荊河戲　064

花鼓戲　057　　巴東堂戲　065

黃梅戲　059　　恩施儺戲　067

江漢皮影戲　061

第五節・地方曲藝　069

湖北大鼓　069　　恩施揚琴　076

湖北評書　072　　三棒鼓　077

湖北道情　073　　漢川善書　078

湖北漁鼓　075　　鼓盆歌　079

哭嫁　溫新階　081

02 章 美食

第一節・飲食習俗　090

稻為主食　090　　　湯品繁多　101

喜好魚肉　093　　　喜酒樂茶　102

蔬菜豐富　099

第二節・經典楚菜　105

武漢名菜　106　　　襄鄖名菜　116

荊宜名菜　108　　　湖北十大名菜　117

鄂黃名菜　112

第三節・特色佳餚　126

水中的美食　127　　禽畜的美味　133

山野的餽贈　131　　十大楚地特色菜　135

第四節・精緻小吃　144

「過早」的愜意　145　　「小吃」裡的生活之美　152

「宵夜」的閒適　151　　湖北十大名小吃　156

水鄉魚宴　姨麗　162

03 ^章 名品

第一節・工藝品：惟楚有禮　　168

非遺傳承，歷久彌新　168　　現代工藝，登峰造極　186

手工製作，鬼斧神工　178

第二節・土特產：自然饋贈　　193

風味食材　　　193　　滋補藥材　　　237

居家美食　　　217　　美酒佳釀　　　240

美味瓜果　　　222　　湖北名煙　　　248

健康飲品　　　228

第三節・日用品：中國馳名　　249

漢派服裝　　　249　　廚房用品　　　253

漢繡之美　涂魯　　255

後　記　　260

風味湖北 賦

陸令壽

巍巍華夏，朗朗乾坤；浩浩寰宇，悠悠荊楚。上下五千年歷史，傲地嘯天；縱橫十八萬山水，勝境熱土。楚水水美，釀江漢文明，壯中華之根本；荊山山秀，采天地之靈氣，吮大江之甘乳。三江交會，先民伴水而生；千湖潤澤，聖賢開基定礎。炎帝神農，嚐百草、教耕稼，牛首人身；楚王熊繹，率民眾、涉山川，止戈為武。

楚語清切，融理融情；鄂韻綿長，載歌載舞。屈子賦美篇、莊周著奇文，讀來蕩氣迴腸；曾侯乙編鐘、郭家廟琴瑟，奏起律呂高古。民俗風情基因，代有承傳；原生狀態歌樂，發之肺腑。昔聞巫術跳、滄浪曲、吹簫神鳥；今有龍船調、擺手舞、薅草鑼鼓。楚劇、漢劇、黃梅劇，聲腔宛轉流暢；民歌、漁歌、越人歌迴環山澤洲渚。摔碗酒、啞謎呵壯行看信真奇特；黃四姐、女兒會踏步轉身齊仰俯。

養育人民兮，擁沃土千里；涵蘊文化兮，植品牌多張。君不見，有皮影仙桃，泥塑黃陂；膏雕應城，剪紙沔陽。更喜千年漢繡，爭奇鬥豔；十堰綠松，溫潤剛堅。雲夢秦簡，遺編多文；猇紅玉髓，晶瑩含章。

為神州之心臟，自古繁華荊楚；實九省之通衢兮，美食款待八方。熱乾麵、油香兒、武昌魚，令人食指大動；小湯包、薄豆皮、東坡肉，

端的齒頰留香。洪湖蓮藕、沔陽三蒸，魚糕喜出荊沙；羅田吊鍋、龍鳳十碗，蟠龍自屬鐘祥！

　　噫！物華天寶兮，明珠不勝枚舉；意猶未盡兮，語辭難能宣彰！聽高山流水兮，知音紛來荊楚；逢清平之世兮，友朋之思悠長。天下觀光客兮，熙熙攘攘；旅遊事業興兮，燁燁皇皇！福兮，飲長江之水；福兮，食荊楚之糧。福兮，品中州之味；福兮，耀湖北之光！

二〇一八年一月二十日於南湖一隅

01 章

湖北是楚文化的發源地，在歷史發展的長河中，荊楚兒女不僅創造了大量的有形文化遺產，也創造出了豐富而寶貴的民俗文化和非物質文化遺產。這些民俗文化既包括勤勞的荊楚兒女在千百年生活勞作中形成的各種生活習俗、鄉風民俗等，也凝聚了勞動人民智慧結晶的各類音樂、舞蹈、曲藝等。這些寶貴的文化財富不僅豐富了荊楚人民的精神文化生活，也為廣大遊客帶來了美好的藝術享受。

第一節・民間風俗

荊山楚水，多彩妖嬈。「十里不同風，百里不同俗。」荊楚大地民族眾多，分布廣泛，千百年來相互交融，形成了各族民俗氣象萬千、紛紜錦繡的蔚然大觀。荊楚民俗具有較穩定的地域性，但同類民俗在同一地域呈現不同的事象。同時，許多民俗都或多或少保留了遠古文化的基因。湖北民間風俗，蘊含了楚文化披荊斬棘的創業基因、篳路藍縷的創業品質、一鳴驚人的創業決心，是荊楚人民的寶貴歷史文化遺產。

哭嫁

哭嫁是曾經盛行於湖北各地的風俗，尤其以土家族哭嫁最有代表性。哭嫁是土家族的婚俗，在鄂、湘、渝、黔等地的土家族聚居地廣泛流行，是土家族文化傳統和民俗禮儀的寶貴遺產。哭嫁，又被稱為「哭出嫁」「哭嫁因」「哭轎」「開嘆情」「啼慘切」等，這些名稱從不同側面反映出哭嫁中新婚女子離開娘家的複雜心情。哭訴的內容有對父母長輩的感恩之情，有對同伴好友的懷念之情，有對親友的不捨之情，有對未來生活的悵惘之情，還有孝敬公婆相夫立業的開導之情等。哭嫁歌即是土家族哭嫁婚儀上新娘哭腔吟唱的抒情歌謠，有經過長期發展積累並固定下來的曲牌、辭章。它來源於土家族吟唱的山歌，分為邊哭邊唱、只唱不哭與只哭不唱等形式。其哭腔或低沉、或短促，嚶嚶咽咽、悲悲切切，細膩悠長；其聲調時而婉轉，時而激越，富於變化；也有漢語哭唱和土家語哭唱兩種。哭嫁多在夜間舉行，新娘是哭嫁的主角，同時也有

伴娘、姐妹和閨蜜等親友團陪同哭唱，可以說是通宵達旦，直到迎親之日。

土家族新娘，從正式舉行婚禮前的十天到半個月，就大門不出、二門不邁地籌備婚禮、醞釀哭嫁。更有甚者提前一個月甚至三個月就開始哭嫁儀式。哭嫁時，先在新娘閨房擺一張方桌，放十隻茶碗，邀集九個未出嫁的姑娘，與新娘一同，組成十人哭嫁團。新娘居中，叫「包席」，右女為「安席」，左女為「收席」。新娘開嗓，安席接腔，依次哭唱。哭嫁，晝夜不息，通宵達旦，聲勢越大、哭腔越悲切、場面越動情，證明新娘對娘家越牽掛、對父母越孝順，也越受親友、四鄰和夫家的尊敬。出嫁前一天（俗稱「戴花」日）夜裡，哭嫁達到高潮。新娘的父母，邀請十人哭嫁團，徹夜吟唱《陪十姊妹歌》，場面非常壯觀。哭嫁有一整套嚴格的程序和固定的辭章，其哭嫁對象的先後順序為：哭爹娘、哭哥嫂、哭姐、哭叔伯、哭姑舅、哭陪客、哭媒人、哭苦情、哭扯眉毛、哭花、哭梳頭、哭辭祖宗、哭離娘席、哭出菜、哭撒筷子、哭包露水帕、哭穿露水衣、哭穿露水鞋、哭打傘、哭踩斗、哭出門、哭上轎，等等。新娘哭嫁時邊哭邊唱，如訴如泣地與父母、兄弟、姐妹、叔伯、姑舅等親友一一道別，並在走出家門的重要環節梨花帶雨地訴說離家的不捨與苦痛，場面非常動人，是土家族民俗中的重要特色之一。

《陪十姊妹歌》，別稱《姊妹歌》《伴女歌》，是一種長詩形式的、只唱不哭的哭嫁歌，有固定的儀軌和先後順序，民俗專家稱其為《歌堂哭嫁歌》。出嫁前夜，在新娘的娘家，新娘頭蓋絲帕，在堂屋向祖宗行三拜九叩，而後入座，九位未出嫁的姑娘，圍坐四周，新娘和領唱的姑娘先唱「開台歌」，接著是「坐歌堂」「數花」「盤歌」，最後是「送歌堂」。

新娘兄弟負責斟酒，依座次傳遞酒杯輪流哭唱，勝者吃喜糖，負者罰喝酒，直至深夜。《陪十姊妹歌》多由一人領唱，眾女伴唱，唱至高潮處，四座賓朋也同聲唱和。哭嫁唱詞既訴離愁，也表祝願，多為傾訴新娘對父母的感激與不捨，也有親人囑託其孝敬公婆、相夫教子以及對新婚生活的美好祝願等內容。哭嫁過程中曲詞優雅，場面井然，情真意切。

土家族女兒會

土家族女兒會，起源於明末，在每年的農曆七月十二這天舉行，四百年間從未中斷，是湖北恩施土家族獨有的地域民俗文化傳統。

土家族女兒會，頗具古代巴人（土家族先民）遠古婚俗的遺風，與漢民族地區的封建包辦婚姻相區別，是恩施土家族青年男女自發的、以擇偶為主要目的舉行的、一年一度的相親大會。其主要特徵是以歌為媒，自主擇偶。女兒會上，男女青年們以對歌的方式傳情達意、談婚論嫁。

土家族女兒會儺婆石訂親儀式

未婚姑娘是女兒會的絕對主角，年輕貌美的女子個個盛裝出席，並依長短順序將禮服穿在身上，長的穿在裡面，短的穿在外面，層層疊疊、層次分明，當地人稱其為「亮摺子」或「三滴水」。此外姑娘們還將平日珍藏的金銀首飾全部披掛佩戴在頭上、手上和衣服上，精心裝扮、爭奇鬥豔。女兒會當天，姑娘們將用背簍背來的土產、山貨陳列在街市道路兩旁，本人則端坐於倒放著的嶄新背簍上，坐等意中人前來選購特產。小夥子們則斜挎一隻小背簍，走走停停，一顧三盼，不時與心儀的姑娘搭訕，雙方眉目傳情，話語相投，便雙雙趕赴女兒會對歌，女問一句男答一句，互通心曲，以定終身。現在，恩施州每年都要如期舉辦一年一度的女兒會，這也成為恩施土家族民俗文化的象徵。通過土家族青年男女樸素、奔放的訂親女兒會，我們能真切地感受到古巴人真、善、美的脈動與靈魂，今天的土家族人依然懷抱著先民們大膽追求自己的幸福、努力奔向新生活的民族精神。

土家族跳喪

　　跳喪，是土家族獨有的一種古老的喪葬舞蹈儀式，主要流行於清江流域的土家族聚居區。土家族將喪事當作喜事來辦，這與漢族喪禮涇渭分明。土家族人一向有「一死眾家喪，一打喪鼓二幫忙」的說法。每逢喪禮，三山五嶺、街坊四鄰的鄉親都齊聚在孝家堂屋，在往生者的靈柩前，人們跟隨鼓點的節奏載歌載舞，場面歡快，氣氛熱烈，通宵達旦。現在，土家族有老人去世時，親友四鄰依然會前來跳喪相助。跳喪主要形式為兩名（或者四名）成年男子在棺材前對舞，高潮時，少則百人，多則幾百人上千人圍觀並參與跳喪。助唱形式則是由一人（掌鼓者）執鼓領唱，其他人一同合唱，聲勢浩大。

跳喪舞的動作皆為模仿飛禽走獸而來。跳喪的主要特點是舞者隨鼓點全身上下不斷地抖動，同時其胯部向左或右大幅擺動，上肢隨胯部的擺幅自然晃動，形式奔放且充滿男性舞蹈的粗獷美。跳喪舞有「待屍」「搖」「哭喪」「穿喪」「踐喪」「退喪」等具體內容；有「鳳凰閃翅」「燕兒含泥」「猛虎下山」「犀牛望月」「牛擦癢」等特定動作。巴東跳喪舞，最大的特色是四大步，除雙膝不斷顫動外，胯部左右搖擺，上肢自然晃動，具有陽剛曲線之美。而建始跳喪舞，腿部動作多為八字蹲步前進，每行一步都用力踏地，鏗鏘有力。

跳喪舞，是土家族人敬畏生命、維繫民族精魂的紐帶，是土家族民俗文化重要的載體。它是土家族人生死觀和宇宙觀的樸素表達，其舞蹈動作刻畫了先民漁獵、農耕的生活細節，是圖騰崇拜、祖先崇拜的活化石，因此，具有相當的民俗學和社會學研究價值。現在，這種舞蹈已經逐步從原先的喪葬活動中分離出來，演變為一種極具觀賞性的土家族民族舞蹈。

吃粽子與賽龍舟

端午節與春節、清明節、中秋節並稱為中國民間四大傳統節日。端午節現在是中國法定節假日，是首批國家級非物質文化遺產，更被聯合國教科文組織列入世界非物質文化遺產名錄，為中國首個入選世界非物質文化遺產的節日。吃粽子與賽龍舟是端午節最重要的節日民俗活動之一，起源於湖北秭歸。每年農曆五月初五的端午節，湖北各地紛紛賽龍舟、吃粽子，這些習俗最早是為紀念屈原，其範圍遍及全省城鄉。在端午節期間，但凡有江河湖泊的地方，人們都早早準備好龍舟，一到初五

這天，龍舟紛紛下水，百舸爭流。龍舟船身一般為二十至三十米，每隻龍舟有大約三十名水手。龍舟賽上，岸邊觀眾歡呼吶喊，一條條「黃龍」「白龍」「紅龍」「青龍」劃過水面，如箭矢一般衝向終點，鑼鼓聲、吆喝聲、歡呼聲響成一片，圍觀賽龍舟的觀眾人頭攢動、人山人海，場面非常熱鬧。

據傳楚國亡國之後，屈原自投汨羅江以身殉國，楚國百姓舉國哀痛，並到汨羅江邊悼念屈原。有人拿出為屈原準備的飯糰、雞蛋祭品投進江中，希望水中魚蝦蟹吃飽了，便不會去咬屈大夫的身體。漁夫們乘舟，在江上來回搜尋打撈其真身，楚人見狀紛紛倣傚。一位楚國老醫師，更是將一壇雄黃酒倒進江裡，說打算藥暈蛟龍水獸，以免其侵害屈大夫。因擔心飯糰為蛟龍所食，人們還用楝樹葉包飯，外纏彩絲，後來便發展

龍舟樂｜鄭澤凱攝

龍舟——巨龍奔江祭屈原｜文振效攝

成現在的粽子。之後，端午節包粽子、划龍舟的習俗就從屈原的故鄉傳
遍全國，傳承至今。

如今，端午節成了家庭團聚的重要節日，端午吃粽子也是傳統節日的
重要民俗活動。每年五月初，家家戶戶都要浸糯米、洗粽葉、包粽子。
千百年來，吃粽子的風俗在中國盛行不衰，而且還流傳到朝鮮、日本及
東南亞諸國。

打糍粑

打糍粑是漢民族的一項節日風俗，廣泛流行於中國南方稻米產區，在
湖北境內流傳甚廣。如今在湖北地區的廣大農村，在每年春節前，仍然
有打糍粑的習慣。糍粑也稱「年糕」，是春節期間的重要節慶美食之一，
春節前打年糕、做糍粑在中國南方農村流傳上千年，具有濃厚的鄉村風

味，也是大家春節前的一項重要準備活動。打糍粑，首先要將糯米蒸熟，再放於特質石材的凹槽內，不斷用木舂沖打。手工打糍粑很費力，但是這樣製作出來的糍粑質地柔軟、口感細膩、風味極佳。在鄂西地區的土家族人群中，也普遍流行著一種過年「打粑粑」的習俗。土家族人一直有「二十八，打粑粑」的說法，每逢農曆臘月二十八這天，家家都要蒸糯米、打糍粑、做年糕。

打糍粑需要的工具是石臼和舂。打糍粑是一項很費力氣的體力活，一般都是青壯男子負責，兩個人一組，先將糯米揉成飯糰，兩人相對站立，輪番揮動木舂，反覆擊打石臼中的糯米，即使數九寒天也能累出一身汗。經過反覆擊打後，糯米變成綿軟柔韌的飯糰，再趁熱將飯糰切分成大小不等的小塊，放在盛有芝麻炒香磨粉拌白砂糖（或是黃豆炒香磨粉拌白砂糖）的盤裡滾動一番，即可取食，口感香甜。做糍粑的工序也

捏糍粑｜田智達攝

非常講究，要手塗蜂蠟或茶油，先出砣，後徒手或用木板將其壓得圓潤光滑。在湖北土家族地區，大凡家有喜事，當地人都要做紅糖拌糍粑招待客人，以圖吉利。

漢陽歸元廟會

漢陽歸元廟會，在武漢是一項具有悠久歷史的傳統民俗文化活動，也是一場熱鬧非常的民間商貿集會。因為歸元寺的名聲和影響，每年春節前後，都會有眾多的香客、遊人前往寺廟觀光、拜佛，久而久之形成很有人氣的漢陽歸元廟會。此時，全國四方民間藝人也紛紛趕來，在廟會上登場亮相，進行各種表演，商人們則在廟會的必經之路上擺攤，販賣各種時令和節慶用品。遊人們既可以欣賞各種娛樂表演，還可以逛逛集市購買年貨。漢陽歸元廟會，自明末清初歸元寺創建時興起，到清代中

大年三十的歸元廟會｜田飛攝

期已名揚荊楚。歸元寺被稱為「楚省之一大覺場」，每年廟會期間寺廟香火都十分興旺，人流如織，節日氣氛十分濃厚。

中華人民共和國成立以來，經過幾十年的發展，漢陽歸元廟會逐漸形成了自己的風格：廟會期間，會先在翠微路東端扎制廟會綵樓，並在沿街掛滿火紅燈籠，遍布旌旗綵帶，民俗節慶氣氛十分濃郁。街道邊的人行道上，從東到西分設各種展演活動場所和商品展銷攤位。廟會上，既有文藝表演、民間雜耍，又有書畫展覽、猜謎燈會，還有漢貨展銷、地方小吃，好不熱鬧。歸元寺內的寺廟文化與寺外的民間文藝演出，一靜一動，相映生輝。如今，每當新春佳節之際，武漢人就會呼朋引伴：「逛廟會，到漢陽去！」

新洲花朝節

農曆二月十五日，是一個很浪漫的中國民間傳統節日——花朝節。相傳其起源於唐代武則天執政時期。仲春時節，春暖花開之時，外出踏青賞花是女皇武則天的一大愛好。這時候，農忙還未開始，春節餘興未盡，更兼氣候適宜戶外活動，是一年當中借郊遊與群臣開展政事活動的良機。花朝節當天，皇帝既賞賜用花瓣作材料製成的糕點等，還進行一些氣氛輕鬆的助興娛樂活動。再後來上行下效，從官府到民間，在元宵節、中秋節之間，又出現了一個「月半」節，更因春暖花開的寓意被武則天欽定為百花仙子的生日——花朝節。從此以後，過花朝節，踏青春遊，成為民間傳統習俗，流傳至今。

武漢市新洲區的花朝節，起源於南宋淳熙年間，迄今已有八百多年的歷史，是鄂東一帶規模最大的民間趕集大會，被列為湖北省非物質文化

遺產、武漢市非物質文化遺產。每年農曆二月十五日前後，來自鄂、豫、皖、湘、贛五省二十餘縣市的十萬多商販和遊人，在舊街上演現代版「清明上河圖」。南宋景定年間，棉花種植傳入新洲，人們都企盼棉花收成好，便在每年二月十五日「花朝節」這天，煮湯圓祭棉神，民間舊有「湯圓大，棉花球子大」的說法（新洲「花朝節」至今還有早點吃湯圓的習俗）。每年花朝節，早上吃過湯圓的善男信女，都結伴到大廟禮拜神靈，企求保佑，使這裡香火旺盛，遠近聞名。由於新洲舊街地處古代大別山山腳的古驛道旁，是山區與平原的交接處，舊志中有「河頭山尾，堡埠共生」之稱。這裡東可進大別山腹地，西直下武漢，北可達豫皖，南至江西，向來是商賈雲集之地，為鄂東一大集市。農曆二月十五，正值春耕生產前夕，由於每年趕廟會的人都很多，周圍就出現了小買賣生意。一些精明的莊稼人乘赴廟會之機，帶些日常耕作用的農具，交易貨

新洲花朝節｜王琪攝

物錢財。隨著時代的變遷，廟會影響漸大，以致於鄰近的黃陂、黃岡、麻城甚至安徽、河南等地農民也慕名而來，順便帶些竹木器、銅鐵器等出售，約定成俗進而形成花朝節集市慣例。隨著花朝節集會的發展壯大，趕會的人也與日俱增。明末清初，武漢、黃陂、安徽和河南等地也不斷有人赴會。民國期間，江蘇綢緞，湖南湘繡，江西木耳、香菇等皆來趕會。會期，眾商家搭台唱戲，雜耍賣藝，盛況空前。商販貨客討價還價、公平交易、生意興隆，使花朝節充滿商貿和民俗文化色彩。

如今，隨著時代變遷，花朝節也與時俱進地有了更多的新內容，更加迎合趕會群眾的生活喜好和消費習慣，為趕會群眾帶來平日難得一見的高水準文藝表演，使經過一整年辛勞的百姓身心得以放鬆，盡情徜徉在廟會的熱鬧和喧囂之中。花朝節期間，最喜慶的時刻莫過於當地鎮上的居民紛紛設宴款待親友賓客之時。在花朝節期間，家家戶戶殺雞宰鴨，備好豐盛的好菜好飯，款待賓客。花朝節不僅滿足了當地群眾的購物需要，也給民眾提供了難得的旅遊休閒機會，更拉動了周邊地區的經濟發展和貿易往來。

花朝節，由最初的花朝廟會發展到商貿集會，再到如今的旅遊文化節，在歷史的發展中不斷演變，生生不息，充滿生命力。花朝節經過八百年流傳和發展，現在已不僅僅是廟會、集市，更成為當地一項民俗慣例、民間節日和地方特色文化遺產。

湖北漢族婚俗

在湖北民間有「結婚三日無大小」「鬧喜鬧喜，越鬧越喜」的說法。

但各地結婚儀式和規制各有不同，特別是嫁娶儀式豐富多樣。湖北漢族地區，傳統婚禮中很重視用「鞋」的諧音，寓意夫妻恩愛、白頭偕老。除此之外，整個結婚過程中有非常多的婚俗，這些是湖北民俗文化的重要組成部分。

湖北漢族婚俗一般有以下幾個步驟：第一，取吉日，也就是根據男女雙方生辰八字推算出最吉利的大婚之日。第二，過大禮，這是訂親最隆重的儀式，在婚禮前十五至二十天進行。男方擇定良辰吉日，攜帶禮金和聘禮送到女方家。第三，安床，床除主健康與婚姻生活融洽外，也是平安孕育子嗣之媒介，因此被視為重中之重。男家除準備一張新床外，其他一切床上用品，皆由女家以嫁妝形式送到男方家。擇定良辰吉日後，在婚禮前幾日，由好命佬將新床放置於吉星位。婚禮前，再由好命婆鋪床，將床褥、床單及龍鳳被、鴛鴦枕和百子帳等床上用品鋪在床上，並撒上各式喜果和吉祥之物，如：相思豆、紅棗、百合、蓮子、桂圓、荔枝乾、紅包，等等。婚禮當晚，新人進入新房後，一般會先讓孩童在床上吃喜果，稱為「壓床」，討個早生貴子的好綵頭。為暖婚房，新郎的同輩兄弟還要鬧新房。老話說「新人不鬧不發，越鬧越發」，鬧新房還能幫一對新人驅邪避凶，令其婚後更加如意吉祥，因此很是流行。

江漢平原「放濠」

在湖北的江漢平原地區，由於河流縱橫、湖泊眾多、水產豐富，漁民在長期的生產生活過程中，運用天然而智慧的方式，收穫各種魚類，形成了江漢平原獨有的「放濠」景觀。所謂放濠就是利用湖泊或河流的水位落差，讓大水面的魚順流而下，流入濠袋，然後通過人工分解，捕大

留小，順利收穫各類水產。放濠時間一般從每年十一月中旬開始，至次年一月底結束，歷時兩個多月。魚類品種繁多，除青、草、鰱、鱅四大家魚以外，還有刁子魚、鳳尾魚、針魚、才魚、甲魚等三十多類特殊品種。

放濠在江漢平原地區已有上百年的歷史。隨著技術的不斷進步，今天放濠已由人工拉網變成了機械化的運作，降低了漁民的勞動強度。拉網、收網、分揀、裝車，每年冬季漁場外湖，放濠時都會出現這樣忙碌的網魚作業。冬季放濠要兩個多月，放濠的場面魚躍水歡，十分熱鬧。放濠作為一種原生態的旅遊資源，在江漢平原，甚至是全省乃至更大的範圍都非常有影響力，而且隨著其與旅遊業的融合發展，這種影響會越來越大。

關帝廟會

關帝廟會，一般是在每年的正月和農曆五月十三日。歷史上荊州人敬仰、崇拜關公，已成了延續千年的習俗。這天，荊州人會在關帝廟舉行大型廟會活動。廟會期間，玩龍燈、劃採蓮船、騎馬射箭、吹喇叭、套轎子等各種民俗表演活動精彩紛呈，把關帝廟內外裝點得紅紅火火。

祭拜關公最早始於荊州。荊州最早的關廟，為南北朝陳太年間（569-582）所建的小關廟。明成化年間（1465-1487），荊州有三座關帝廟。清代，荊州關帝廟達「數十所」。民國初年，更是「廟遍全境」。荊州人民對關羽的崇拜由此可見一斑，這也折射出荊州人民對關羽難以割捨的情結。據說，當年關羽出兵伐吳凱旋之日，荊州軍民在大北門外敲鑼打鼓

荊州古城關公祭祀大典圖

放鞭炮，夾道歡迎，以示祝捷。而今，此街仍名為「得勝街」。逢年過節，荊州人都要玩龍燈，舞龍的小夥子們都要先到關帝廟拜關公，再沿古城街巷舞龍。關公的忠義春秋，已浸透荊楚大地。近年來，隨著海峽兩岸的民間交往日漸頻繁，隨著中國與海外的文化交流不斷增多，越來越多的台港澳同胞和外國友人來到荊州祭拜關公，進香還願。來自五湖四海、世界各地的人們，經常歡聚在荊州關帝廟，用各自不同的語言傳頌關公的忠義精神，為關公文化賦予了新的時代內涵。

湖北年俗

湖北各地存在「過小年」的習俗，有的地方臘月二十三「過小年」，有的地方臘月二十四「過小年」。「過小年」又稱「小除」，是祭祀社君的日子。民間傳說這一天灶王爺要上天向玉帝匯報這一家的功過，辭灶便是送灶王爺的過程。為圖吉利，這天家家都會擺甜瓜、灶糖祭灶王爺，為的就是讓灶王爺在玉帝面前多說好話。之後，過小年，吃糖瓜讓灶王爺「上天言好事」漸成民俗活動。

殺豬也是湖北的傳統年俗。進了臘月，農村大部分人家都要殺豬，為過年做菜準備食材，剩餘的豬肉被醃製或者燻製起來，在下一年中慢慢享用。殺年豬時充滿節前的熱烈氣氛，一戶殺豬，全村人都會趕來圍觀。

過完小年之後，便拉開了節前準備的序幕，從這一天起，就意味著進入過年的階段了。在春節前掃塵做衛生，是荊楚人民素有的傳統習慣。春節前還要置辦年貨，包括雞鴨魚肉、茶酒油醬、糖餌果品等，都要採買充足，小孩子還要添置新衣新帽，準備過年。

大年三十是過年最隆重、熱鬧、喜慶的時刻，家家戶戶貼春聯、貼門神、放鞭炮、吃年飯、祭祖先、拜年、發壓歲錢。團年飯異常豐盛，雞鴨魚肉應有盡有，一家大小共敘天倫，其樂融融。團年飯後小孩開始給家中長輩和左鄰右舍拜年，長輩要給壓歲錢，鄰舍要拿出瓜子糖果盛情招待。除夕晚上，全家老少熬年守歲，共享天倫。待新年鐘聲敲響，鞭炮齊鳴，此起彼伏，預示著辭去舊歲、迎接美好新一年的到來。

從正月初一開始，人們開始相互拜親訪友。一般是初一拜父母，初二拜丈母，初三初四拜親友。拜年時男女老少穿戴整齊，相互拱手作揖，

黃州鬧元宵｜陳勇攝

送上吉祥如意的美好祝福。春節期間，荊楚各地都有張燈、看燈的習
俗，各種民間文藝精彩紛呈。玩龍燈、舞獅子、劃彩船、踩高蹺等輪番
上演，給節日增添無窮的樂趣。正月十五是元宵節，也是新年的最後一
天，家家戶戶吃湯圓，象徵著家庭團圓。各種民間娛樂活動達到高潮，
人們鬧元宵、逛燈會，喜慶萬物更新。

第二節・民間音樂

　　湖北民間音樂是一種具有楚地文化特徵、古樸自然，並且被出土文物和史料典籍所證實的，經千年歷史傳承下來的中國傳統音樂形式，是中華民族音樂的重要組成部分。荊楚音樂最大的特色是混融。從形式上講，不同素材、不同形式、不同文化基因、不同種群等各種元素相互交融，孕育出別具一格的楚地音樂。從時間層面講，就是在保存音樂傳統的基礎性上，實現了不間斷的歷史性發展。荊楚音樂的混融特色一是表現在南北音樂文化的混融上。雖然荊楚音樂的主源是中原華夏音樂藝術，但荊楚先民立足於南北音樂藝術產生的諸多背景（如地理、語言、社會、民族、民俗）因素，在實現對荊楚音樂主源基因的集成和引進基礎上，堅守了荊楚音樂的本源基因，融入了荊楚音樂的旁源基因，創造出與北方黃河流域音樂形態特徵和風格特色迥然不同的南方長江流域的音樂形態。二是表現在長江流域東西音樂基因的混融上。荊楚音樂中長江流域東西音樂基因的混融，就是荊楚音樂本源與旁源的融合。長江流域西部地區一段，是長江的上游。除四川盆地外，大多是高原和山地。這裡流傳最廣的歌種是山歌、田歌，還有地域特點極濃的、被稱為「花燈」的民間歌舞小曲。船工號子也以其富於變化、性格鮮明、氣質雄渾、結構龐大等特點而成為其代表性歌種。長江下游，多為平原和湖區，河道眾多，物產豐富，是典型的江南水鄉。這裡流傳最廣的歌種是體現稻作區特色的田歌、體現漁作區特色的漁歌，還有以優雅、婉轉、清麗而著稱的小調。荊楚自古處於長江上下游之間的中游地區，各種不同風格的音樂在此交流、融合，加上荊楚先民以混融方式進行藝術創新，所以，這種過渡地區的傳統音樂，往往在差異性基礎上體現出其形態特徵和風格特色的交融性趨勢，結果是使荊楚音樂的形態特徵和風格特色更加多樣化。

長江峽江號子

　　長江峽江號子，是流傳於鄂西長江沿線一帶的漢族民歌，是湖北漢族民歌號子中最具特色、最有代表性的一種，是船工在高強度勞動條件下產生的內心吶喊，是縴夫協力創造的生命律動，因而具有懾人心魄的藝術感染力。長江峽江號子最初是船工在灘多水急的長江三峽地區西陵峽一帶，牽引行船過程中，奮力呼喊的協力號子，以及裝卸、泊船時吟唱的號子歌。長江峽江號子是民歌的一種，伴隨著勞動節奏而唱和，雄渾、高亢、鏗鏘有力，多為一領眾合，有喊唱、呼嘯、翻唱等形式。音樂旋律與內容高度一體化，節奏、頻率視具體活路（活計）而定。以「腔旋律」居多，也有「韻調旋律」，簡單樸素，別具徵羽古樂之風，力度和節奏性強，且氣勢磅礴，有疾勁、悠揚的號子，也有抒情的民歌。結構

長江峽江號子

多聯曲體，也有單曲體，自由舒展，靈活多變。長江峽江號子現存一二六首，包括「起艙」「出艙」「發籤」「踩花包」「抬大件」「扯鉛絲」「上跳板」「平路」「上坡」「下坡」「搖車」和「數數」等。

長江峽江號子，是人與自然之間既抗爭又和諧共處的見證，是峽江人民最富凝聚力、最有標誌性的文化符號，具有不可磨滅的文化印記，是人們在適應周圍環境以及與自然和歷史的互動中，不斷再造的精神文化遺產。

利川《龍船調》

《龍船調》是發源於湖北利川的一首民歌。在鄂西南地區的恩施州利川市柏楊、謀道、汪營一帶廣泛流傳著利川《龍船調》，是利川民間划龍船民歌唱腔的主體。它原名《種瓜調》，又稱「燈調」「瓜子仁調」，歌

《龍船調》

詞內容多為描述種瓜場景，是人們在過節劃採蓮船時吟唱的民歌。

《龍船調》在原先《種瓜調》的基礎之上，彙集了利川人民的生活經驗和民間智慧，再經過無數次的更改推敲，精練詞義，一字一句都充滿生活氣息，旋律也更加優美流暢，生動地表現了土家族幺妹兒的嬌俏可愛、秀才的窮酸挑逗和駝背艄公的質樸幽默，從而實現了利川民歌的重大飛躍。《龍船調》的詞曲富有特色，歌詞通俗精練，畫面鮮活動人。這首民歌旋律變化多端，音域寬廣，唱腔高亢婉轉，感情充沛，極具感染力，因而流傳甚廣。

宜昌絲竹

宜昌絲竹，是宜昌民間器樂藝術的代表性體裁，又稱「細樂」。絲竹是演奏曲牌的主奏樂器，因此得名。宜昌絲竹，在夷陵山區的鴉鵲嶺、龍泉及其臨近的枝江、枝城、當陽等地廣為流傳，是宜昌地區獨有的一種民間器樂。

宜昌絲竹

宜昌絲竹，因其細膩、婉轉、喜慶、典雅等多變的演奏效果，而在湖北民間各種紅事慶典中不斷上演，並廣受歡迎。其主奏樂器為絲絃和竹管，絲竹曲牌特點鮮明，有「一曲生五曲、五曲生七調」之說，還以起調畢曲音組合成主導樂句，貫穿全曲。宜昌絲竹曲調優美，表現細膩，加上打擊樂輕敲細打，往往給人以典雅、清新之感。其樂曲風格華麗多變，板式經典規範，曲牌、小調與夷陵當地民歌融合，極具地方特色。

沮水巫音

沮水巫音是一種極具湖北地方特色的漢族民俗音樂，因發源於沮水而得名，與古楚巫音一脈相承，因而依舊保持著嚴謹規範的形式和奇麗詭奇的風格。沮水巫音，一般由長號、喇叭、戰鼓、邊鼓、鉤鑼、馬鑼、包鑼、引鑼、鑔子等多種樂器配合組成吹打樂。因為其喇叭比普通喇叭長而厚，發出的聲音怪異，低沉鬱悶，也被稱為「嗚音喇叭」。莊嚴肅穆、詭譎幽暗的嗚音，適於祭祀、喪葬、朝山進香等活動。

沮水巫音

沮水巫音，以奇異詭譎的風格、古樸典雅的音調、嚴謹規範的韻律，描繪了楚人的生活場景和精神面貌，並與沮水山民的審美情趣和生活願景相互對照。沮水地處荊山峽谷，與世隔絕，不受世俗攪擾，這裡的山

民依然保留著信巫重祀的古楚遺風，巫音在這樣的文化土壤中滋長，時隔兩千多年，古老楚音的遺風至今仍依稀可辨。

長陽山歌

長陽山歌，誕生並流傳於湖北長陽。現在已收錄在冊的長陽山歌有一四〇〇餘首，分為在田間邊生產邊喊歌和邊勞動邊打鑼鼓喊歌兩種類型。

長陽山歌內容豐富，有講述人類起源的「創世歌」，有勞逸結合的田間勞動歌，有敘述時事、傳達政令的「時政歌」，有傳情達意的「情歌」，有歌物詠志和奇聞軼事的「雜歌」等。演出形式有獨唱、對唱、領唱及眾人合唱等，形式多樣、曲風多變。

長陽山歌，音域在八度與十一度之間，旋律高亢嘹喨，節奏自由奔放，旋律多層遞進，其開腔一句的七度大跳，先聲奪人，加上山歌甩腔的顫音，具有濃郁的鄉音韻律和山野氣息。長陽山歌有宮、商、角、徵、羽等多種調式，並以羽、徵、宮、宮羽交替、羽徵交替最為常見。長陽山歌曲式的特點是「尾包頭」，是山歌中的翹楚。

長陽山歌

薅草鑼鼓

薅草鑼鼓，分布在鄂西一帶，也稱「薅草號子」「山鑼鼓」，有薅草勞動和田歌藝術兩種形式，是土家族的勞動生產和民間音樂結合的產物。

薅草鑼鼓是一種具有湖北特色的民歌藝術形式，兩名土家族歌手一人擊鼓、一人敲鑼，為薅草的眾人獻藝，在鑼鼓聲中吼唱。具體的表演形式是一人節奏性擊鼓，一人應點敲鑼，鑼鼓間歇，開始領唱或對唱山歌，整日不歇，是給薅草人的加油歌。演唱時，唱腔高亢，鑼鼓伴奏，歌聲樂器聲融為一體，場面生動活潑。

薅草鑼鼓有固定的程序，由「歌頭」（也稱「引子」）、「請神」、「揚歌」、「送神」構成，因唱詞不同而具有請神求願、組織生產、鼓舞勞

薅草鑼鼓

動、振奮精神等作用，是土家族人的勞作之歌。薅草鑼鼓的配樂有鼓、鑼、鈸、馬鑼等。鼓手為領隊，負責領唱，既領唱民歌，又帶動生產勞動，號召力很強。兩人一隊，一人打鼓發歌，一人掌鑼鼓架，擊打架上大、小鑼和鈸三件樂器接歌。薅草鑼鼓演唱形式靈活，不拘一格，可以互相接歌，也可以一領眾和，即一人或兩人起唱，勞作的人接唱；也有鑼鼓師自敲自唱。演奏方式也很多樣，分快慢節兩種，一般鼓點是由慢及快，勞動高潮也跟隨著鼓點的加快而出現。一天中三起三落，稱「三潮」。在收工之前，通常需要趕進度，鑼鼓漸密節奏加快，即「放擂」。土家人用「餓馬奔槽」稱呼這種場面。此時的鑼鼓師，演奏的同時也要演唱，且不能間斷，非一般人所能承受。為了表演聯貫和節奏緩衝，口唱與鑼鼓演奏的配合就非常考究。鑼鼓作用突出，因為每句唱詞都要配合鼓鑼節奏，一般會配上一段鑼鼓演奏收尾。這也是土家族「薅草鑼鼓」中有民歌，名字卻不帶「歌」的原因。

荊州馬山民歌

荊州馬山民歌是一種漢族民歌，流傳於荊州市荊州區馬山鎮一帶，入選國家級非物質文化遺產名錄。馬山民歌最早是一種原生態民間藝術，是人們取材日常生活而創作的民歌。荊州農人在農耕間歇哼唱小調，日久而生馬山民歌。馬山民歌有「田歌」「號子」「山歌」「燈歌」「風俗歌」等十多種，以「田歌」影響最大。馬山民歌五大調「喇叭調」「叮噹調」「調」「夥計調」「天天調」，流傳甚廣，久負盛名。其聲調高亢，節奏歡快，歌詞精練，妙趣橫生。民間演唱時配以大鑼、大鈸、嗩吶伴奏，鏗鏘有力，氣勢恢宏，襯詞襯腔十分豐富。馬山民歌內容涉及歷史故事、

生活常識、花鳥魚蟲、婚喪嫁娶、節日慶典等，題材廣泛。田歌中的「五句子歌」是馬山民歌的精華。「五句子歌」分「喊五句」「趕五句」「穿五句」，詞曲句式各異，旋律大同小異。

馬山民歌代表了江漢平原民歌的總體形態特徵和音樂特色，具有濃郁的原生態民歌之風。其五句成歌、句尾點題的唱詞結構，使它的節奏歡快、朗朗上口，成為荊楚文化的一塊瑰寶。

呂家河民歌

呂家河民歌，流傳於湖北省丹江口市官山鎮呂家河村，是一種漢族民歌，入選第二批國家級非物質文化遺產名錄。該村位於武當山風景區，因環境封閉而保存了大量原生態的漢族民歌曲目和民間歌手，有「湖北民歌村」和「中國漢族民歌第一村」之稱。呂家河民歌的曲調風格多變，既婉轉如江南小調，又豪放似北方民歌；既圓潤似中原曲調，又嘹喨如西北民歌。

呂家河民歌有陰歌、陽歌和長篇敘事詩之分。陰歌為喪禮用歌，數量巨大，占呂家河民歌總量的七成。在葬禮上，歌手們先對歌、鬥歌，唱至深夜，依然聲勢不減。天亮後，抬死者上山下葬時，歌手們還要在山上唱「還陽歌」，送死者入葬。除陰歌外，皆稱「陽歌」，如喜慶歌、燈歌、勸酒歌、祝壽歌、勞動歌、兒歌、謎語歌、牧童戰歌等。陽歌與生產生活密切相關，如挖地、鋤草就唱勞動歌，過年就唱喜慶歌，過生日就唱祝壽歌，蓋房就唱上梁歌。呂家河陽歌的歌聲，深入呂家河人日常生活。歌聲是村民們交際的第二語言，日常生活中的美好祝願皆在歌聲

中傳唱。

呂家河民歌中的對歌遊戲最考驗歌手的智慧，這類歌曲被學術界視為民歌精品。

京山田歌

京山田歌是一種流傳在京山一帶的漢族民歌。演唱靈活，既無器樂，也不拘泥形式，非常自由灑脫，想唱就唱。田歌題材有四種：一為勞動題材，如《扯草歌》《栽秧歌》等；二是祈願題材，如《保證糧食大豐收》等；三是歷史題材，如《十二月花》等；四是社會現實題材，如《小女婿》。

京山田歌《小女婿》

《小女婿》為京山田歌代表作，抨擊了舊社會童養媳這一封建陋習，表達了人們對包辦婚姻的不滿和對自由生活的嚮往，已有百年傳唱歷史。二〇〇九年五月，以《小女婿》為代表的「京山田歌」，被列入湖北省第一批非物質文化遺產保護名錄。

第三節・民間舞蹈

荊楚民間傳統舞蹈，與歷史上在巴、蜀、吳、越等長江流域盛行的巫祀樂舞有很大不同。它由南邊戎狄巫風傳統與華夏文明正統禮儀糅合而成，既有華夏傳統的感性文明，同時身兼南邊戎狄文明的原始活力。荊楚傳統民間舞蹈起源於古楚巫祝文化，從最初的娛神過渡到世俗娛樂生活，經歷了漫長的發展演變，是楚文化的歷史遺存，具有既娛神又娛樂的雙重功能，它的特色是舞蹈節奏熱烈歡快、場面風趣生動。無論是慶賀豐收、感謝天地，還是祈禱來年能有風調雨順的美好生活，它都是廣大勞動人民表達生命感染力的一種儀式，是人民群眾社會生活在精神層面的體現，主要內容可分為表達圖騰崇拜、表現男女愛情、反映水鄉漁業等。它突出舞蹈技藝和形式、突出主題人物和情節演繹，極大豐富了荊楚人民的社會文化生活。

土家族「撒葉兒呵」

湖北土家族「撒葉兒呵」，是流傳於湖北清江中游地區土家的祭祀歌舞，為清江土家族人所獨有。「撒葉兒呵」俗稱「跳喪」，又稱「跳喪鼓」，是歌、舞、樂渾然一體的藝術形式。其聲腔以男聲高八度演唱，曲調為一種古老的特性三度，僅存於清江以北長江三峽北岸的興山一帶；其曲子結構與楚辭體類似，古代巴楚祭神樂歌的影子依稀可見，彰顯了樂觀向上的人生態度，體現了豁達通透的生命觀念。

土家族人舉辦喪事時，鄉親們聚集在孝家堂屋的亡者靈前，男人們載歌載舞，女人們圍觀助興，通宵達旦、徹夜不息。土家族樂天好命，有

喜喪的傳統，稱「白喜事」，有「人死眾家喪，大夥兒都攏場，一打喪鼓二幫忙」的說法。擊打喪鼓，是為了祭奠逝者、告慰生者。土家族人用這樣原生態的歌腔舞步，表達豁達的生死觀。「撒葉兒呵」有先民圖騰、漁獵活動、農事生產、愛情生活、歷史事件等題材，是土家族的歷史記憶和精神文化遺產。

　　歷史上的土家族人，世代生活在溪峒縱橫、崇山峻嶺之間，過著越澗過水、攀岩背負的勞動生活，也成就了「撒葉兒呵」步態舞姿的獨特風格。跳舞時，歌師擊鼓叫歌，舞者隨鼓點起舞，舞蹈分二十四套常規動作，姿態多順拐、屈膝、悠顫，節奏律動，生生不息。無論節奏快慢、群舞、獨舞，舞蹈動作都協調一致，動作多為哈腰、屈膝、八字步、擺胯、繞手，身體隨音樂不時顫動，手、腳、胯沿同一方向順時針運動。「撒葉兒呵」舞步舞姿剛勁有力，粗獷豪放，活力十足。

土家族「撒葉兒呵」｜高峰攝

土家族擺手舞

　　土家族擺手舞，是土家族人發明的民間舞蹈，流傳於湘、鄂、渝、黔四省市交界的酉水及沅水一帶，在湖北來鳳縣最為盛行。古代擺手舞，主要用於祭祀、祈禱活動，祭祀對象除八部大神外，大多為祭土司王（如彭公爵主、田好漢、向老官人）等歷史人物，帶有顯著的祭祀和祖先崇拜痕跡。

　　擺手舞，也分大擺手和小擺手。小擺手，土家語稱「舍巴」或「舍巴巴」。大擺手，土家語稱「葉梯黑」。它集舞蹈、健身於一體，有「東方迪斯科」的俗稱。擺手舞反映了土家人的日常生產生活，如狩獵舞，表現土家人狩獵活動和模擬禽獸活動姿態，包含「趕猴子」「拖野雞尾巴」「犀牛望月」「磨鷹閃翅」「跳蛤蟆」等十多個固定動作。

擺手堂前擺手舞｜莫易國攝

擺手舞，是土家族人緬懷祖先、追憶民族遷徙的艱辛歷史、再現先民田園生活的大型舞蹈史詩，其服裝和道具處處都體現本民族的文化特色。擺手場豎起幡旗，人們或手舉紅、藍、白、黃各色龍鳳隊旗，或披西蘭卡普，或捧貼「福」酒罐、擔五穀、扛獵物、提豆腐，手持齊眉棍、神刀、朝筒，肩扛鳥槍、梭鏢等道具，吹起牛角、土號和嗩吶，一時間鑼鼓喧天，歌聲動地。

擺手舞，基本動作多取材於生產勞動、日常生活和戰鬥的姿態，有「單擺」「雙擺」「迴旋擺」等動作，特點是順拐、屈膝、顫動、下沉。

擺手舞是土家族人民的寶貴精神財富，是土家族生產生活和歷史的縮影，它的誕生、發展與演變，也記錄下土家族共同語言、共同地域、共同經濟生活和共同心理素質生成與變遷的全過程，是土家族民間文化的綜合載體。

利川「肉連響」

「肉連響」是廣泛流行於恩施利川一帶的少數民族舞種，在利川都亭、柏楊、汪營一帶最為盛行，以誇張的肢體語言為主要表演形式，其動作與民間傳統舞蹈「打蓮湘」相近，主要以手掌擊打額、肩、臉、臂、肘、腰、腿等部位發出節奏性的響聲而得名。「肉連響」因動作詼諧、節奏歡快，深受群眾喜愛。

「肉連響」一般由男子表演，場地大小不限，由於動作和聲響關聯，表演者身著背心、短褲或者索性赤膊上陣，簡單樸素，群眾接受度極高。其主要動作為「秧歌步」「穿掌吸腿跳」「顫步繞頭轉身」「雙打」「十

響」「七響」「四響」「三響」等。「肉連響」舞蹈場面生動、詼諧、活潑、自由。在韻律上，講究「圓轉」，即順著擊打的部位，不斷變換身體的傾斜角度，協調舞步身姿。「肉連響」既無唱腔，也無伴奏，但其口讀簡譜短小精幹，藝人現場表演需要加上舌頭顫抖時發出的抖音伴奏，更助長了舞蹈的歡樂氣氛。

八寶銅鈴舞

八寶銅鈴舞，又名「解錢」，是一種土家族民間傳統舞蹈，在恩施宣恩一帶廣泛流行，是土家族神職人員——老土司進行法事活動及其給祖先解錢時所跳的一種舞蹈。

土家人祭祀先祖、祈求五穀豐登、六畜興旺之時，便會請土老司來跳

八寶銅鈴舞（宣恩旅遊局提供）

神「解錢」。在土家人的心目中，先祖逝去，便會成為庇佑後世子孫的「神靈」。因此，八寶銅鈴舞氣氛活潑歡快，延續了土家族喜喪的傳統。銅鈴舞在擺脫歷史禁錮，成為土家群眾舞蹈之後，變老土司獨舞為眾人群舞，有立式銅鈴舞和坐式銅鈴舞之分。立式銅鈴舞舞者身繫七隻銅鈴，搖鈴一次，便要進退三步再轉體，循環往復，如此周而復始，不停地行走舞蹈，動作較多。坐式銅鈴舞舞者則身繫六隻銅鈴，因坐著的緣故，舞蹈動作也較為簡單。

潛江草把龍

潛江草把龍，起源於明末清初，是一種古老的漢族民俗文化活動。其核心區域在湖北省潛江市龍灣、老新、張金一帶，流行於潛江境內的水

潛江草把龍

網湖區。每當春節將至或者瘟疫流行之時，這裡的漢族百姓便舉行舞龍活動，他們以龍為信仰，借此祈求平安、祝賀新春、驅除邪魔。

潛江草把龍的龍燈採用竹、木、繩、稻草紮製而成，一般分為七節、九節、十一節和十三節等長短不一。其中紮製龍頭的工藝最考究，由工字形的木結構連接手柄，工字形還是龍頭各部位的支點，構思巧妙、結構嚴謹，各個部位都有特定的尺寸比例，造型別具一格。草把龍的龍身則取材於水鄉特有的稻草，經理草、扎把、鍘草、璇盤等多道工序加工而成。草把龍雖然形式簡約，卻也凝聚了勞動人民的智慧。龍尾與龍頭同樣為工字形結構，用竹篾紮製而成。龍首、龍身、龍尾連成一體，巨龍渾然天成、栩栩如生。

草把龍的舞龍套路有「拜祖師」「穿三門」「單圈打場」「黃龍盤柱」「拜四方」等近十種，每個套路都有約定俗成的寓意。草把龍燈，一般在春節、元宵和二月二龍抬頭等時令節日表演。如遇重大災害或瘟疫流行，民間也會紮製草龍，舞龍驅除邪魔。舞龍時，鑼鼓伴奏，舞龍動作套路多變、氣勢恢宏，除鑼鼓之外還有小鑼、中鼓、鈸等打擊器樂助興。

草把龍燈，是具有顯著湖北省民俗特徵和楚文化遺存的民間手工藝，兼具漢族民舞和民樂的藝術成分，具有較高的民俗價值和文化價值。

麻城花挑

麻城花挑，又名「挑花籃」，流傳於麻城福田河、兩路口鄉一帶。每遇喜慶節日，民間便會在街頭、室內或舞台上，表演麻城花挑。花挑的固定角色有嫂子（簡稱「嫂」）、小妹（簡稱「妹」）、情哥（簡稱「哥」）

三人。

　　麻城花挑的舞蹈多輕鬆活潑，富有濃郁的麻城地方特色和生活情趣，有「薅秧步」「牽牛」「拔泥步」等勞動動作，也有「鴛鴦戲水」「斗嘴」「探妹」等婚戀題材。三個角色各具特色，嫂是彩旦形象，搖身擺胯，動作誇張；妹肩挑花挑，一步一顫，步子小而輕盈；哥手中的竹板啪啪作響，動作舒展、健美，逗妹時又常出現撅臀、伸頸的丑角動作，集生角與丑角於一身，給舞蹈更增添了喜慶色彩。

　　麻城花挑的演出形式十分靈活，道具、服裝簡便而美觀，演員人數不多，稻場、山坡、街頭、巷尾、廣場、戲台都是適合的舞台。其演唱的內容主要是農村男女青年追求婚姻自由的愛情故事，內容健康，富有故

麻城花挑上央視演出｜楊金洲攝

事性，啟發人們與封建包辦婚姻做鬥爭。演唱句式別具一格，其唱詞每段五句，但在演唱時，由於戲劇情節的發展需要，第一句要再重複一遍，加上一問一答的兩句，共為八句，俗稱「搶八句」。

通城拍打舞

通城拍打舞，起源於元末明初，流傳於湖北省咸寧市通城縣，最早是從當地民間流傳的以手互相拍打身體自娛自樂的漢、瑤原生態舞蹈中發展演變而來。通城縣位於湘鄂贛三省交界處，歷史上長期是瑤漢雜居之地，更是瑤胞的精神家園。瑤族人的大量歷史、民俗文化，與當地漢民族文化在這裡交織，孕育了寶貴的漢瑤文化。

「非遺」傳承人吳志奇、鄭星跳拍打舞｜盧璐攝

拍打舞，以男人拍打胸膛、女人拍打手臂為基本動作，進而演化出拍手、拍肩、拍背，甚至拍臉、拍膝、拍臂等動作，有躺拍、坐拍、跪拍、站拍、舞拍等姿態，拍打貫穿始終。最原始的拍打舞為一人或多人邊唱邊拍，拍手、拍身體或對拍，且節奏多限於單拍和雙拍，拍打動作也只四五個。現在的通城拍打舞，是在原來拍打舞的基礎上，經過三次舞蹈語彙、音樂元素和表演形式的修改提煉而來的。其拍打動作增加至十多個，創造出單腿拍、雙腿拍、站拍、坐拍、躺拍，並增加了拍打部位，如拍胸、拍肩、拍腰、拍臂等動作。

鄖陽鳳凰燈舞

鄖陽鳳凰燈，又稱「玩鳳凰」「鳳凰舞」，是湖北省的一種漢族傳統舞蹈，起源於鄂西北十堰市，十堰古稱「鄖陽」，故名「鄖陽鳳凰燈」。

鳳凰燈，先用竹篾紮製骨架，再用細布、彩紙裱糊剪巾，其從頭到尾長約八米，兩翼展開寬約二米，表演時雙翼舞動，鳳尾也可擺動。舞蹈表演時，由五名青壯年執掌，一人掌鳳頭，一人掌鳳身。另有四盞鮮花燈、一盞牡丹花燈、一盞太陽燈，由六人托舉立於表演場地，其伴奏音樂古樸典雅，曲牌大多來自戲曲音樂和民間吹打樂。鳳凰燈舞僅流行於鄖縣，每年春節、元宵節會在街頭、宅前、場院演出，尤以正月十五、十六最為熱鬧。

鳳凰燈表演依據「百花擁鳳出巢—鳳凰遊園—鳳鳴—鳳凰尋花—鳳凰戲牡丹—鳳舞—鳳凰理羽—鳳凰打盹—鳳凰展翅—鳳凰朝陽—鳳凰點頭—鳳凰回巢」的固定程式順序進行，配以獨特風格的鳳凰燈曲調，激

郎陽鳳凰燈舞｜陳磊攝

越歡快，體現濃郁地方特色和漢族民俗風情。

　　郎陽鳳凰燈，是楚人崇鳳文化的歷史遺存，具有郎陽本地鄉土文化特性和漢族民俗文化特徵，是中國漢族民間舞蹈中唯一一種燈舞藝術表演形式，極具民俗價值和藝術價值。

南漳端公舞

　　端公舞，俗稱「扛神」，也叫「做枯齋」，主要流傳於漢水中游的南漳、保康、谷城山區和漢水上游的陝西漢中鎮一帶。端公舞最早起源於楚國的宮廷舞，有兩千多年歷史，在民間傳播過程中，兼收其他地方特色文化，但仍保有楚舞古樸的風格基調，是古楚文化的活化石。

傳說，軒轅黃帝與蚩尤大戰於涿鹿，雙方相持不下，最終黃帝部下一端姓將軍擊敗蚩尤，軒轅讚賞他的業績，稱其「端公」。端公生性好動，愛說、愛唱、愛跳，因此就有了「端公舞」。

端公舞，是以祭祀為主題的舞蹈，兼有說唱和樂器伴奏，分為上壇和下壇，上壇用以祭奠死者、超度亡靈，舞蹈動作嚴肅莊重；下壇用以驅鬼避邪、招祥納福，動作輕盈灑脫。端公舞有迎神、敬神、安神和送神四個環節。各壇場次有繁有簡，最多的有十六場，人員一般為八人，分「頂神」和「站案」。掌壇師或端公為「頂神」，其他人為「站案」，負責伴奏，並配合「頂神」完成法事。端公舞借由翻身、旋地、穿梭等動作來進行舞蹈表演。在表演動作的同時，還要配備相應的手訣，給人一種極其神祕的感覺。手訣有三類：一是自然崇拜，即對日月等自然力量的崇拜，如太陽訣、月亮訣；二是生殖崇拜，即對生殖力量的崇拜，如帶有男女生殖器形象的天師訣、捆鬼訣；三是圖騰崇拜，如以山作為圖騰形象的山王訣。

端公舞是巫文化的一部分，通過歡快的舞蹈形式來悼念亡靈，從側面表現了古楚民族的風情與習俗。端公舞在祭祀活動中出現，用以祭祀天地鬼神，為生者祈福消災，體現了濃厚的巫文化色彩和古樸的楚人遺風。

第四節・地方戲劇

　　湖北地方戲劇包括漢劇、楚劇、荊州花鼓戲、黃梅戲等，它們歷史悠久、題材豐富，是地方傳統文化的珍貴遺產。荊楚戲劇的藝術形式、思想內容和精神追求深受荊楚文化的影響，呈現出重情重義、浪漫唯美、多元融通、創新求變等特徵。漢劇是湖北原創戲劇形式，是對中國戲曲有重要貢獻的地方劇種，見證了皮黃劇種和京劇的風格形成過程。楚劇主要流行於武漢、孝感、鄂州，黃岡、荊州、咸寧、荊門，宜昌、黃石，隨州等十地市五十餘區縣，是在湖北地區有廣泛影響的劇種之一。荊州花鼓戲，起源於湖北沔陽（今仙桃市），充滿濃郁的江漢平原地方特色，以唱腔悠揚、甜美、悅耳著稱，其表演既展現了豐富多彩的湖鄉生活風貌，又具有濃郁的漢族民間生活氣息。

漢劇

　　漢劇是中國地方戲曲劇種之一，舊名「楚調」「漢調」，民國時期定名「漢劇」，俗稱「二黃」，主要流行於湖北省境內長江、漢水流域，以及湖南、陝西南部、四川和廣東部分地區。

　　漢劇，誕生在清代中葉的湖北境內，原是以秦腔經襄陽南下演變而來的西皮為主要腔調，在發展的過程中形成了荊河、襄河、府河、漢河四大流派，俗稱「四路」。其對湘劇、川劇、贛劇、桂劇、滇劇等南方戲劇劇種的形成與發展有重要影響。清嘉慶、道光年間，漢調流傳到北京，加入徽調班社演唱，逐漸融合演變而成京劇。漢劇是研究中國戲曲板腔

體系及其音樂結構演變的重要標本，也是進行戲劇藝術創新的寶貴資源。

漢劇人物角色，共有一末、二淨、三生、四旦、五丑、六外、七小、八貼、九夫、十雜十個行當。腔調以西皮、二黃居多，也有羅羅腔。伴奏樂器多為胡琴、月琴、三弦、鼓板等。

漢劇聲腔以西皮、二黃為主，兼有歌腔、崑曲、雜腔、小調等曲調，高亢激越，爽朗流暢。在漢劇中，鑼鼓地位舉足輕重。鑼鼓演奏技巧多樣，有大打、小打和串打之分。其中，串打配以馬鑼，節奏歡快，氣氛強烈。漢劇的傳統劇目有六六〇多種，內容以歷史演義和民間傳說居多，如《英雄志》《祭風台》《李密投唐》等，並以《宇宙鋒》等傳統劇目最為人所稱道。漢劇包括多種雜腔小調和曲牌。專唱曲牌的劇目有《大賜福》《草場會》《五才子》等。

中華人民共和國成立後，漢劇再度興盛起來，一九四九年後湖北省相繼成立了二十多個漢劇團。一九五八年湖北省戲曲研究所創辦了漢劇演員進修班，一九六二年武漢漢劇院成立，湖北省和武漢市戲曲學校又分別開辦了漢劇科，培養了一大批漢劇新興人才，同時也系統整理了漢劇傳統劇目，其中《宇宙鋒》《二度梅》《斷橋》《興漢圖》《水擒龐德》《斬竇娥》《急子回國》《詳狀審陶》等作品多次在全國和湖北省歷屆戲曲會演中獲獎，並廣受社會各界好評。

楚劇

楚劇，舊稱「哦呵腔」「黃孝花鼓戲」「西路花鼓戲」。哦呵腔最早於清道光年間開始在鄂東流行，吸收借鑑武漢黃陂、孝感一帶山歌、道

情、竹馬、高蹺及民間說唱藝術，形成一個獨立的漢族地方聲腔劇種，是湖北境內具有廣泛影響的地方劇種，被列入第一批國家級非物質文化遺產名錄。

楚劇主要分布在武漢、孝感、鄂州、黃岡、荊州、咸寧、荊門、宜昌、黃石、隨州十地市五十餘區縣，其影響覆蓋湖北中部、北部和東南部大部分地區。其代表劇目有《四下河南》《尋兒記》《蕎麥饃趕壽》《狸貓換太子》《九件衣》《白扇記（烏金記）》《秦香蓮》等。

楚劇與人們所處的日常生活和時代特色密切相關，外加其豐富多樣的表現手段和很強的包容性，因而能夠完整呈現鄂東一帶的地方文化特色。楚劇的題材廣泛，包括富有生活氣息的「下里巴人」和格調高雅的「陽春白雪」兩類截然不同的表現形式，既能演生活小戲和現代戲，又能演宮廷大戲和武戲，故能滿足絕大部分人的需要。此外，楚劇融合了京、漢大戲劇目的優點，因此表現手段豐富多樣。楚劇在不同歷史時期創作和演出過不少歌頌正義、抨擊邪惡的劇目，具有強烈的時代感和生活氣息，因此深受廣大群眾的歡迎。

受到京劇、漢劇及民國文明戲的影響，楚劇演員和樂師分工逐漸明晰、專業，誕生了打腔和起腔等新式腔調，劇目由單出戲變為本戲，並借鑑京劇、漢劇的道具豐富了舞台表現力和藝術張力。楚劇的表演形式也在對子戲的基礎上，借鑑京劇、漢劇，在演出過程中不斷發展。早期演出僅為一旦一丑，以後出現小生和鬍子生。流傳到漢口後，行當角色開始增加，出現正旦、小旦、花旦、老旦、窯旦、小生、老生、丑、花臉諸行當。

楚劇現存劇目約五百個，其中傳統劇目有二百多個，較為重要的包括《秦雪梅弔孝》《銀屏公主》《趕齋》《殺狗驚妻》《三世仇》《吳漢殺妻》《蔡鳴鳳辭店》《葛麻》《百日緣》《九件衣》《烏金記》《賣棉紗》《啞女告狀》《白扇記》《思凡》《賴婚》《汲水》《董永賣身》等。中華人民共和國成立後，楚劇空前繁榮發展，先後成立了湖北省楚劇團、武漢市楚劇團和一大批縣級專業劇團。全省有湖北省楚劇團、武漢市楚劇團等十五個楚劇專業藝術表演團體。

花鼓戲

　　花鼓戲是廣受荊楚人民喜愛的地方戲曲，湖北的許多地方都有本地特色花鼓戲，比較知名的有荊州花鼓戲、東路花鼓戲、襄陽花鼓戲、隨州花鼓戲和遠安花鼓戲等。在這些花鼓戲中，荊州花鼓戲和東路花鼓戲流行的範圍較廣，劇目較為豐富，表演藝術成就也相對較高，所以荊州花鼓戲和東路花鼓戲一般被視為荊楚花鼓戲的代表。

　　荊州花鼓戲，原稱「沔陽花鼓戲」，已有二百多年的歷史。它發源於湖北沔陽一帶，是深受江漢平原人民喜愛的漢族戲曲劇種之一。它是在明朝末年江漢平原的流行三棒鼓、踩高蹺、採蓮船、漁鼓、道情等漢族民間說唱形式基礎上，吸收其他劇種的劇目、聲腔和表演逐漸發展而成的一種鄉土戲曲，廣泛流行於沔陽（今仙桃市）、洪湖、潛江、天門、監利、漢川、京山等縣市，並逐漸傳播至臨近的鐘祥、荊門、江陵、應城、雲夢、漢陽及湖南的岳陽、華容、南縣、澧縣、常德和鄂東南的崇陽、通城、赤壁等縣市。

花鼓戲《焚香記》

　　荊州花鼓戲的配樂屬打鑼腔系，主要唱腔有高腔、圻水、四平、打鑼腔及二百餘種小調。劇種配樂來自江漢平原的民間鑼鼓，鑼鼓曲牌有「挑千子」「三起板」「鬼挑擔」「牛擦癢」等七十六個。唱腔分主腔和小調兩大類。

　　東路花鼓戲，流行於新洲舉水以東，最早被稱為「哦呵腔」「採茶戲」「東路子」。舉水西岸的花鼓戲被稱為「西路花鼓」，後來發展為楚劇。東路花鼓戲發源於鄂東地區，形成於鄂東麻城、羅田、紅安、浠水、黃岡一帶，位於大別山南麓。宋代時鄂東民歌非常發達，是當地農人自娛自樂最普遍的藝術形式。此後，發展出了漁鼓、採蓮船、推王燈、踩高蹺、皮影戲、被褡戲（布袋木偶）等多種民間表演藝術，這些多為一人領唱、眾人幫和、鑼鼓伴奏，演出於村頭巷尾，每逢民俗節慶、迎神賽

會，上述民間藝術便成為民眾的重要文化娛樂活動。嘉慶二十五年（1820年）左右，這些民間表演藝術更進一步，搭起草台，添置水粉、綾羅冠帶，粉飾角色，豐富故事和舞台藝術表現力，進而誕生了一個新劇種——東路花鼓戲。東路花鼓戲早期，戲班子多為鄉下村子裡的自樂班和時聚時散的季節性班社。二十世紀三四十年代，東路花鼓戲迅速流行，影響很大，職業、半職業劇團不斷增多，僅麻城知名班社就有「盛家園」「桂花亭」「尉家咀」「駱駝坳」「袁家河」「斑竹園」，還造就了一批有知名度的民間藝人。

東路花鼓戲劇目繁多，有三十六大本、七十二小本之說，實際上有三百多種。中華人民共和國成立後，湖北地方文化部門曾組織專業團隊挖掘東路花鼓戲傳統劇目，整理出八輯之多，並由湖北人民出版社以「湖北戲曲叢書」形式出版發行。

一九四九年後，先後挖掘整理出《白蛇傳》《御河橋》《李慧娘》《井台會》《大鬧公堂》等一大批東路花鼓戲優秀傳統劇目，改編並演出《江姐》《山鄉風雲》《南海長城》和八個樣板戲，並且產生了新的原創劇目，其中有麻城梅基癸創作的《兩個隊長》《半邊天》《桃花嶺》《田秀秀》《王老黑收稅》等劇目，也有東路花鼓戲劇團集體創作的《盤點》《神兵天降》《暴動聯絡員》《麻城鳳兒》等劇目。

黃梅戲

黃梅戲，舊稱「黃梅調」或「採茶戲」，起源於湖北黃梅縣，盛行於湖北、安徽一帶，是中國五大戲曲劇種之一。黃梅戲最早是在黃梅採茶

歌的基礎上發展起來的，「戲因縣名，縣因山名」。

　　黃梅戲，最早取材於山歌、秧歌、茶歌、採茶燈、花鼓調，先在農村，後入城市，逐步發展而成的一個新劇種。其起源大約可以上溯至清朝乾隆年間，它廣泛吸收了漢劇、楚劇、高腔、採茶戲、京劇等藝術精華，在近代完全定型並走向成熟。

　　黃梅戲有花腔、彩腔、主調三大唱腔。花腔主要演出小戲，曲調自然樸實，優美歡快，具有濃厚的鄉村生活氣息和民歌小調色彩；彩腔曲調歡暢，在花腔小戲中廣泛運用；主調則是黃梅戲傳統大戲常用的唱腔，分平詞、火攻、二行、三行，其中平詞是正本戲中主要的唱腔，曲調嚴肅莊重，落落大方。在配樂上，黃梅戲最早由三人演奏堂鼓、鈸、小鑼、大鑼等打擊樂器，他們演出的同時參加幫腔，號稱「三打七唱」。

黃梅戲戲鄉｜陶培峰攝

黃梅戲角色的行當是在「二小戲」「三小戲」的基礎上發展起來的。上演整本大戲後，角色行當才逐漸發展出正旦、正生、小旦、小生、小丑、老旦、奶生、花臉諸行。黃梅戲的優秀代表劇目有《天仙配》《牛郎織女》《槐蔭記》《女駙馬》《孟麗君》《藍橋會》《路遇》《王小六打豆腐》《小辭店》《玉堂春》《西樓會》《紡棉花》《鞦韆架》，等等。

江漢皮影戲

皮影戲，舊稱「影子戲」或「燈影戲」，在湖北、河南、山西、陝西、甘肅天水等全國各地的農村地區廣泛流行，這種獨特的漢族民間藝術形式很受大眾的歡迎。皮影戲是用蠟燭或馬燈等照射獸皮或紙板做成的人物剪影，以此演繹民間故事的戲劇。表演時，藝人們在白色幕布後面，一邊操縱戲曲人物，一邊用當地流行的曲調說唱故事（多用方言），同時以鑼鼓、二胡等伴奏，鄉土氣息濃厚。

江漢平原的皮影戲，是一種古老的具有獨特魅力的漢族民間藝術，在湖北省中南部的沔陽（今仙桃市）、雲夢、潛江、天門、監利、洪湖、石首、江陵、公安、京山等縣（市）流行。江漢平原北臨長江，南貫漢水，是荊楚文化的發源地，皮影戲在這片土壤上滋生和繁榮。江漢皮影戲分「門神譜」（大皮影）和「魏譜」（小皮影）兩大類：「門神譜」主要集中在江漢平原的雲夢、沔陽（今仙桃市）、應城及黃陂、孝感、漢川等縣的部分地區；「魏譜」皮影分布在鄂北和鄂西北的竹溪、竹山、谷城、保康、遠安、南漳、襄陽、隨州一帶，其形制、風格與陝豫皮影相似，是陝豫鄂三地民間文化交流融合的結果。江漢皮影以沔陽皮影戲最為著名，其融傳統繪畫、雕刻、美術於一體，集電影、電視、動畫於一身，

具有濃郁的鄉土氣息，是中國藝術花園中的一朵奇葩。沔陽皮影戲中的各色人物、動物和道具，均以上等黃牛皮為原材料，施以沔陽雕花剪紙的技藝精心雕刻而成，且正派人物用陽刻手法，花臉、丑角等用陰刻手法，十分講究。

沔陽皮影戲，有描述楚漢之爭、三國、水滸、西遊等故事的三百多個劇目。其劇本一般只有劇目條文，表演時全靠藝人根據歷史故事展開情節和刻畫人物，唱、念、做、打渾然一體，其口頭文學藝術形式是江漢平原皮影戲的主要特徵。沔陽皮影戲以漁鼓腔、歌腔為主，民樂伴奏，以一唱眾和的形式進行演唱。漁鼓皮影以沔陽漁鼓調為主腔，後來又借鑑了沔陽花鼓戲、漢劇、楚劇等唱腔，具有節奏歡快、曲調高亢、豪邁奔放的特點。

雲夢皮影七月七牛郎織女鵲橋相會｜李雪軍攝

南劇

南劇，也稱「南戲」或「施南調」，起源於鄂西容美土司統治時代，是湖北省恩施土家族苗族自治州的地方戲曲劇種，因其常在廟台演出，又以演出連本戲見長，故被稱為「高台戲」或「人大戲」，至今已有三百多年的歷史。

南劇唱詞多為七字、十字上下句，道白、唱腔夾雜鄂西土家族方言土語，風趣幽默、通俗易懂、生活氣息濃郁。其唱腔有「南路」「北路」「上路」三個分支：南路聲腔源自楚調，與湖南荊河漢戲有歷史淵源；北路聲腔由「秦腔」中的梆子腔衍變而成；上路為彈戲，源於川劇梆子。此外，還吸收有崑曲、高腔、民間小曲及宗教祭祀音樂的精華，形成有一定地方特色的雜腔。

南劇演出

南劇伴奏音樂由絃樂、打擊樂組成。絃樂有京胡、二胡、月琴、三弦、嗩吶和蓋板子。南北兩路以京胡為主奏樂器，上路以蓋板子為主奏樂器。打擊樂在南劇中也很重要，既為伴奏，又起到幫助塑造人物、渲染氣氛的作用。打擊樂器有大鼓、大鑼、大鈸、沖子鈸、馬鑼、鉤鑼、可子、邊鼓、尺板。南劇非常注重表演的唱功，表演風格「大手大腳」。南劇對化裝和人物造型很講究，有「首重扮裝，所謂扮貧像貧，扮富像富」之說，具有鮮明的漢族民間藝術特色。

南劇誕生後，就一直在鄂西南各民族廣為流傳，成為當地人喜聞樂見的重要劇種。同時，它還蔓延到鄰近的湘西、川東等地，成為流行於湘、鄂、川三省的地方傳統戲劇。

荊河戲

荊河戲，因流傳於長江流域荊河段而得名，是湖北荊州等地漢族戲曲聲腔劇種，有「河路子」「大班子」「大台戲」等不同叫法，它是以荊河本地彈腔為基礎，吸收崑腔和高腔的優點形成的地方戲劇。

荊河戲音樂南北交融，別具韻味。荊河戲北路獨有的特殊唱腔是從秦腔向彈腔過渡演變後期的吶腔。用南路定弦演唱的北路唱腔，即「南反北」，別稱「子母調」，表現人物的思慮、悲傷、恐怖等各種情緒的為母調，表現病危、死亡等情緒的是子調，這在其他皮黃劇種中亦較為少見。荊河戲南北路唱腔中還包括十八板、十三板、正八句、龍擺尾，南路正反「馬頭調」、正反「老闆頭」、正反「八塊屏」等不同唱法。荊河戲的唱腔響亮、氣勢宏大，行當不同決定了演員用嗓的不同。須生多用

邊嗓和沙嗓，小生、旦用假嗓，花臉用「本帶邊」，小花臉、老旦則用本嗓。澧州官話是其念白的主要唱腔，京白、川白、蘇白和山西白等在少數劇目中也有運用。荊河戲的伴奏樂器受文、武兩種場面的影響，胡琴、月琴、三弦、嗩吶、笛子等用於文場面，堂鼓、大鑼、小鑼、馬鑼、頭鈸、二鈸等用在武場面中。把鑼拋到空中再打是馬鑼的傳統打法。

荊河戲的角色行當，有生、小生、旦、老旦、花臉、丑六行，生角有老生、雜生、正生、紅生之分，表演則講究內外八塊的戲劇功夫。「內八塊」功夫指人物的喜、怒、哀、樂、驚、疑、痴、醉等內心情感，「外八塊」則為雲手、站檔、踢腿、放腰、片馬、箭步、擺襠、下盤八種程式化戲劇動作。荊河戲以武戲為特點，形態各異的「拗軍馬」「抖殼子」是其標誌性特徵。荊河戲大約有三十項基本功和上百種動作技法，體系龐大，對演員的專業要求很高。另有單洗馬、雙洗耳恭聽馬、殺叉、八卦步等荊河戲獨創特技。

巴東堂戲

巴東堂戲，又稱「踩堂戲」「犒薦戲」，流行於巴東江北神農溪一帶及與之毗鄰的秭歸、興山、五峰、巫山等地，距今已有二百餘年的歷史，與南戲、燈戲、儺戲、柳子戲並稱恩施州地方戲曲的「五朵金花」，是當地最受群眾歡迎的民間藝術。

巴東民間歌舞「花鼓子」是巴東堂戲產生的源頭，它還借鑑了民俗中敬神還願、吉慶娛樂的「跳花鼓子」「薅草鑼鼓」和民間舞蹈的優點，兼收巴東的梁山調、湖北越調、太和調、楚調以及傳入巴東的川劇、南劇

等諸多藝術形式，才形成今天的巴東民間歌舞。表演時，一男一女圍繞堂屋大方桌的四個角，踩著三步半碎舞步唱「花鼓調」，然後表演「稿薦戲」，即在地面稿薦（稻草或竹篾編的墊子）上表演。因平時多在堂屋內表演，故又稱「堂戲」。

　　碎步踩踏是「堂戲」的表演特點。「燈雜戲」的名稱則是因其後來被搬上舞台隨燈班演出，這是一種融合了梁山「胖筒筒」、湖南「南調」及川、漢劇表演程式，並且脫離「燈班」的單獨演出活動。「堂戲」的表演形式獨特，其聲腔包括大、小筒子腔，少量雜腔、小調，行腔和道白，用巴東江北方言演唱。其語音聲調有陰平、陽平、上聲、去聲，唱詞韻則有十三個半（其半韻為「兒」韻）。其傳統戲班的標配一般包括七至九名演員，外加一戲箱（內裝有服裝、樂器及小道具）。《王麻子打妝》《勸

巴東堂戲演藝活動

夫》《海棠花》《送寒衣》《山伯訪友》《月下嘆功》等是其經典曲目。

恩施儺戲

恩施儺戲是湖北民間傳統戲劇之一，主要流傳於恩施、鶴峰、宣恩、建始等市縣。恩施儺戲以表演難度大、演員功力深厚著稱，是「中國戲劇活化石」，被列入國家級非物質文化遺產名錄。由儺祭發展而來的儺戲，最初是為驅鬼逐疫，後來借鑑了民間歌舞、戲曲等多種藝術形式，形成了一種新的民間藝術形式。

恩施儺戲，表演形式非常豐富，具體表現為：演員行當上有生、旦、淨、丑四行；劇目上品種繁多，包括大本頭戲（如《鮑家莊》《姜女下池》

儺戲臉譜｜李泛攝

《青家莊》等）和單本摺子戲（如《瞧像》《王貨郎賣貨》《小說媒》等）。儺戲演員人數不定，表演形式可以即興發揮，在鑼鼓等打擊樂的伴奏聲中且唱且跳且說，唱腔忽高忽低、跌宕起伏、悠揚悅耳，道白詼諧圓滑，動作粗獷豪放。儺戲表演角色的不同，決定了表演道具的差異，通常都會戴上手工製作的各式面具，有「戴著面具是神，取下面具是人」的說法。

近年來，在社會各界的共同努力下，恩施儺戲逐漸發展壯大，並走向世界舞台。

第五節 · 地方曲藝

　　湖北曲藝品種繁多，題材廣泛，各具特色，具有鮮明的地方色彩，散發著濃烈的荊楚地域泥土芳香。根據音樂體式、表現形態的異同，以及曲種間在音樂上有無紐帶聯繫等綜合考量，一般將荊楚曲藝音樂的四十四個品種分為絲絃小曲、漁鼓道情、鼓書鼓詞、踏歌耍唱四種類型。其中絲絃小曲有湖北小曲、長陽南曲、恩施揚琴、鄖陽曲子、利川小曲等，特點是均為曲牌連綴體結構，並配絲絃。屬於漁鼓道情的曲種有湖北漁鼓、湖北道情、長陽漁鼓等，共同特點是各曲種的聲腔音樂結構相似，各聲腔的發展手法接近，各曲種的伴奏樂器及演唱形式基本相同，尤其是各曲種在聲腔中最具特徵的「甩腔」或「拖腔」部分，均保留著某些共有特徵。屬於鼓書鼓詞類的曲種有湖北大鼓、漢川善書、陽新說書等。這類曲種的共同特點是：聲腔音調多半都植根在當地民歌及方言語調的基礎上，是用各地方言和地方音調說唱故事。演唱形式相同，一般都在「打鬧台」靜場等候聽眾後，再按照傳統程序演唱。聲腔發展手法相似，對演唱的要求相似。屬於踏歌耍唱類的曲種有跳三鼓、鼓盆歌、三棒鼓等。它們的共同點是兼具山歌、燈歌、田歌、雜耍、歌舞、戲曲等民間藝術形式的多重色彩與屬性，是不同民間藝術種類融合、衍變的產物。這類曲種的聲腔均多源於荊楚民間歌曲，表演形式多為具有悠久歷史的、載歌載舞的「踏歌」形式，不少曲種所用的擊節樂器均為「耍唱」道具（如碟、棒、鐮刀、火把等），使曲種帶有相當成分的技藝性。

湖北大鼓

　　湖北大鼓原名「鼓書」，又稱「打鼓說書」「打鼓京腔」等，是荊楚曲藝音樂中鼓書鼓詞類的代表性曲種，在湖北省內廣泛流傳。「拍門」是

湖北大鼓最初的演唱形式，即由表演者挨家挨戶上門演唱：每到一家門前，先敲打一陣鼓板，以吸引聽眾，之後再說唱一段故事。後來，因為鼓書盛行，並受到更多人的歡迎，「點棚打場」成為鼓書藝人主要的演唱形式：場地選定之後，藝人站在書壇的高處或立於圓場之中，四周圍滿聽眾，待觀眾選定書目之後，在沒有任何伴奏的情況下，藝人的表演就開始了，時間可以持續三五天到十天半個月不等；書場的大小是由觀眾的多少決定的。

說唱兼具、以說為主是鼓書主要的曲藝形式。中華人民共和國成立後，因其被搬上大舞台，所以多選用反映現實生活題材的短小段子，逐漸向以唱為主、以說為輔過渡。在廣大鄉鎮和農村地區，仍然採取以說為主的傳統形式，多演出中、長篇故事書目。後來又發展出一人說唱、二人對口唱和多人群口唱等形式，並有二胡、三弦等樂器伴奏。說、唱是書和段子中不可或缺的環節。說技主要用來講演故事情節、人物對話和描繪不同人物的性格；唱技與鼓、板結合刻畫體現出人物的感情和內心的變化，用以烘託故事情節的高潮部分。

湖北大鼓名家張明智演出中

鼓書中的「說」，與評書演說的藝術風格相似。鼓書藝人被稱為「墨路子」，要事先掌握一部書的故事梗概，包括主要的故事情節及各個人物的性格特徵，然後在表演時，為了達到繪聲繪

色、扣人心弦的藝術效果，通過內部挖潛、潤飾加工，進一步豐富了故事情節，展現了人物性格。同時，採用「水路子」藝術表現手法吸引觀眾，這被稱為「甩包袱」。「墨（路子）」和「水（路子）」的結合產生極佳的藝術效果。「四平調」是湖北大鼓的基本曲調，它的調式與一板一眼的板式、旋律和結構等都表現了湖北民間音樂的風格。

湖北大鼓具有一套完整的表演技藝，包括手法、眼法、身法和步法。這種藝術表演風格靈活多變，且講究配合。一人分飾多角是湖北大鼓藝人的特長，他們時男時女，忽老忽少，忠奸憨猾、將相村夫皆可一人分飾。「扭」是扮演人物的核心所在，即表演人物的無縫對接，通常是把正在表演的人物的思想感情和舞台形體，瞬間「扭」成另一人物。即使有舞台無布景，藝人也可以憑藉想像進入故事環境，憑藉虛擬的動作，帶給聽眾「以虛為實」的感覺。而雲板、鼓和鼓簽則具有道具和伴奏樂器的雙重作用。

湖北大鼓曲目豐富，傳統書目約有一七〇個，新編和移植的曲目也有近百個，主要有《宣講大全》《宣講集要》和二十四孝民間故事等，後來發展為說唱歷史故事及演繹公案、武俠一類書目。中長篇書目的內容多演義、俠義、公案一類，比如《封神演義》《三國演義》《水滸傳》《楊門女將》等，短篇書目多取材於普通人民生活，如《孟姜女》《木蘭從軍》《審財神》等。而新編和移植的曲目，多為反映當代社會現實和人民生活的作品，如《迷路記》《豐收場上》等。

湖北大鼓藝人以丁海洲、龔柏庭最知名，「鼓王」張明智現在依然活躍在舞台上。湖北大鼓近來在國家大力提倡和保護中國傳統文化與非物

質文化遺產的背景下走向新生。

湖北評書

　　湖北評書，是湖北省的漢族說唱藝術，是一種用湖北方言講故事的藝術形式。表演者手拿一塊木頭（醒木）作為道具，只說不唱，每每到故事情節的關鍵時刻，便猛擊醒木以提醒觀眾。在武漢、沙市、宜昌等長江沿岸城市及其周邊的荊州、孝感、黃岡、宜昌等地區都可以發現湖北評書的影子。

　　表演者以模擬書中的各種人物見長，通過手勢、身段、口技等烘托氣氛。駢體、敘述通常用來描述景物，民間的口語則使用在對話中。湖北評書在發展過程中，誕生了包括以講述演義小說為主的「底子書」和在這一基礎上加工發展而來的「雨夾雪」兩類書目。其中，說「底子書」表演者愈來愈少。因為自編自演的「路子書」可以讓藝人揚長避短，隨

湖北評書名家何祚歡表演評書小段

興發揮，所以促進了各種不同藝術流派的形成和發展。

塑造玩弄權貴、豪強於股掌之間的草莽英雄形象，是湖北評書的長處，這類人物幾乎存在於每部評書之中。湖北評書以幽默酣暢的講述風格、流暢華麗的敘事語言見長，描繪景物時韻律迴旋有致的駢體和生動歡快的口語對話都帶給人無限的樂趣。

中華人民共和國時期，湖北評書不僅保留了一些傳統書目，也上演了《鐵道游擊隊》《烈火金剛》《林海雪原》等一批新書，還出現了《智闖鄱陽》《芒種餵馬》《掛牌成親》等優秀的短篇書目，促進了湖北評書的新發展。

湖北道情

湖北道情，又稱「沔陽道情」，它是民間藝人在中華人民共和國成立後借鑑沔陽打硪號子、沔陽花鼓戲、沔陽漁鼓的唱腔、曲牌等藝術形式，創造的一種新的曲藝表演藝術形式。經過多年的藝術實踐和不斷創新的表演、曲目、曲牌音樂，使其成為漢族說唱藝術典型代表。沔陽道情具有較強的音樂性，沔陽話的道白和豐富的板腔讓它極具地方風味，成為湖北影響較大的漢族民間曲藝形式之一。湖北道情源於道教，通過道士傳教、化齋演變而來。隨著道情題材的豐富，道情作者和演唱者也隨之而起。清乾隆年間，一批文人雅士的加入進一步促進了道情的發展。後逐步衍變成漢族民間的說唱藝術。

湖北道情演唱時使用沔陽方言，演出形式也不複雜，多為一人站唱，兩人以上演唱也有，以唱為主，中間夾雜著說白。左手懷抱漁鼓筒同時

湖北道情《漢王陳友諒》

手拿一根三尺長的竹簡，右手拍擊漁鼓筒端的皮膜，是一人站唱的標配。兩個人對唱，其中一人與一人站唱的形式相同，另一人則負責敲擊瓷碟，尾腔則多為眾人幫腔。漁鼓筒、竹簡、二胡、四胡、大三弦等伴奏樂器都是其演出樂器，極為簡單。表演開始時，表演者左手懷抱漁鼓筒，同時打擊竹簡，右手的食指、中指、無名指敲擊漁鼓筒，同時進行，並要時刻注意速度和節拍，前奏和間奏時只打漁鼓筒。

湖北道情多採用七字句、十字句，通常可以在這個基礎上隨興發揮，長短不限，全篇通用雙句，也可嵌字，組成三字、四字、五字的垛句。全篇通常為一道韻轍到底。湖北道情演唱的整體藝術手法多種多樣，常用排比句、頂真（針）體。

湖北漁鼓

　　湖北漁鼓，原稱「沔陽漁鼓」，分布在鄂中江漢平原地區，是荊楚大地群眾熟悉和熱愛的曲藝形式。沔陽由漁鼓民間藝人代代相傳，並有豐富的唱腔和傳統曲目，各地沿襲沔陽方言演唱，民間鄉土氣息濃郁，以粗獷、高亢的唱腔打動人心，在漢族民間藝術中獨樹一幟。

　　湖北漁鼓以唱為主，說有散白、韻白之分，散白用以鋪陳故事情節或模擬人物的聲態語氣，韻白為敘述和代言，音韻抑揚頓挫，配以雲板擊節，振聾發聵。唱詞有七字句、十字句及由五、五、七、五構成的五七句式三種，四句一番，出番可換韻。也有時夾有三、四字垛句。

　　湖北漁鼓包括平腔、悲腔、魚尾腔（又稱「鳳尾腔」）、琵琶腔、雜花腔五大音樂唱腔。著名漁鼓藝人龔本槐又創造了新平腔、女平腔、數板、聯板等二十幾種曲牌。其中，雜花腔是由不同類型的民歌和小調組成，剩下的四種唱腔主要是上下句結構，帶有板腔的特點，襯詞組成的甩腔（也稱「鈕子」）主要用在偶句尾中，包括甩腔連續演唱和滾板或聯板兩種演唱形式。在對口

湖北漁鼓

或眾人幫腔時，通常使用甩腔。

湖北漁鼓傳統曲目繁多，主要內容是陳訴冤案，還有講述演義、戲曲故事、民間傳說等。《呂蒙正趕齋》《洪秀全》《謀考案》《十三款》等屬於傳統曲目；《迷路記》《大刀風雲》《送膠鞋》等短篇屬於現代曲目。演奏時由漁鼓、簡板擊節，絲絃配樂。

恩施揚琴

恩施揚琴，又稱「恩施絲絃」，分布在恩施土家族苗族自治州的恩施、咸豐、利川、來鳳、宣恩等地，是土家族的傳統民間曲藝。

恩施揚琴，多在夜闌人靜之時，上演於深宅、古廟中，十分典雅。其曲目以生、旦、淨、末、丑、副、雜順序遞進，劇情高潮或收尾之時，眾人和聲「彩腔」渲染氣氛。恩施揚琴演唱形式為坐唱，演唱者各持樂器，揚琴居首，稱為「坐統子」，餘者有碗琴、二胡、三弦、月琴、京胡、鼓、尺，合稱「八音」。演唱時，不要求伴奏嚴格隨腔，而是繁簡相對，錯落有致，唱時點奏，過門重奏；鼓、尺除嚴格按照板眼演奏外，還根據不同情節、情緒的需要，按輕、重、緩、急隨腔敲擊。

恩施揚琴有板腔體、歌謠、民間小調、器樂四種曲牌。以唱為主，以說為輔，貫穿整個表演過程。「正宮」和「二六」是其主要的唱腔，「楚調」和南戲中的「西皮」「二黃」部分唱腔也為其後來的發展提供了範本。琴友中文采較好的人經常自己創作唱詞，其婉轉的曲調極易抒發感情。因為表現力比較強，所以它被大多數觀眾所喜愛。

恩施揚琴曲目，文辭精練，對仗工整，題材豐富，以第三人稱為曲目的開頭和結尾。在人物對話和故事情節的描繪中，也夾有詩白。其基本結構是：詞四句點明主題；詩四句涵蓋整個的內容；進入角色來敘事的「白」；分角色行當的唱詞、對話打開了故事情節；四句尾詩，前呼後應，點出接唱曲目。

三棒鼓

三棒鼓為走唱形式的曲藝，在湖北的沔陽、天門一帶和鄂西南恩施州等地以及武陵山區一帶流傳較廣，唐代的「三杖鼓」及其拋耍三根特製的鼓棒擊鼓伴唱是三棒鼓的起源和名稱的由來。日常生活對三棒鼓棒法的形成起了重要作用，「鬧春耕」「收割打場」「慶豐收」「拜年節」四套棒法都來自日常生活。打三棒鼓對技巧要求很高，全神貫注、用力適當、默契配合是表演的三點必備要求。

每年春節，是三棒鼓表演的高峰時期。屆時，藝人會到家家戶戶拜年，他們會將他人贈送的禮物給予貧窮之家，以期為人們帶來喜慶氣氛。三棒鼓在沔陽、洪湖一帶尤其受歡迎，這裡活躍

三棒鼓拋刀｜杜建新攝

的民間藝人也很多。

通常三五個人就可以組成一個三棒鼓表演團體，他們分別負責擊鼓唱詞、敲鑼鼓配樂、耍長一尺的三根花棒。表演花棒的人左右各執一根，將另一根拋在空中，左右同時進行，擊打空中花棒，不能落地。也有的用刀代棒，練就了五刀代三棒的技藝。鋼刀在空中銀光閃閃，左右穿梭。技藝高強的表演者，突然把刀拋得極高，來一個騰空飛腳，轉身外擺，從不中斷，表演特別精彩。三棒鼓，通常有「鬧春耕」「收割打場」「慶豐收」「拜年節」四套棒法，分「鯉魚跳龍門」「玉女穿梭」「板岩漂灘」等項目。表演形式類似雜技。藝人以女性為主，表演的節奏必須和鼓點整齊劃一。

漢川善書

漢川善書是流行於湖北省的一種說唱結合的漢族曲藝形式。自清乾隆年間漢川善書形成以來，距今已有二六〇多年的歷史，現在在湖北全省、河南開封、四川樂山和湖南大部廣為傳唱，其中以漢川最盛，故稱「漢川善書」。

善書，起初只在元宵節、中元節期間演出，後逐漸發展成經常性的文藝活動，在田頭地邊、街頭巷尾、茶樓酒肆皆可見，深受民眾歡迎。善書為敘事體，不必上妝，其形式簡單，易於傳播，很快成為漢川的知名曲藝形式。漢川善書，因演出場所不同分為兩類：一類是「場書」，即在固定的書場、茶館中講唱，在漢川城區和馬口鎮邱子村有書場常年表演；一類是「台書」，每年春節到農曆三月中下旬，是善書表演最集中時段，這時許多鄉村都要搭台請善書藝人講書，而且有俗規，要講就要連續講

漢川善書南河演出照

三年，每年講三場。漢川當地不少老人都有擠在台前聽善書的共同記憶。

鼓盆歌

鼓盆歌主要存在於湖北地區，是一種古老的漢族曲藝形式。中國古代漢族在喪禮上「撲一個盆子當鼓打，唱歌陪喪家」的民俗是其產生的源頭。它別稱「喪鼓」「喪鼓歌」「打鼓鬧喪」，具體的生成年代已無從考據。鼓盆歌在江漢平原的荊州地區流傳較廣，它主要的表演形式為一人或二人自擊鼓板獨唱或對唱。在民間演出時，幫腔也可以由熱心的聽眾進行，大家齊唱每段唱詞的開頭和結尾。鼓盆歌也有一人無伴奏的清唱形式。

鼓盆歌演出｜謝志華攝

長陽的女孩子出嫁，很多是要哭嫁的。

這風俗不知起於何時，打我記事起，就見過許多回的哭嫁。

從媒人上門提親，一直到下庚帖，定完婚的日期，時間長短不一，短的幾個月，長的好幾年。

定下了出嫁的日期，出嫁的姑娘就要忙著做鞋，男方的長輩一人一雙鞋，那得費多長時間喲，一個人做不出來時，也是有人幫忙的，都是女孩子的閨蜜，她們一邊納鞋底黏鞋幫，一邊就要流淚了，不過現在還不能流，專門有哭嫁的時間。

到了該出嫁的日子了，女孩子收拾好了自己的東東西西，一邊收就一邊淚水漣漣，要帶到婆家的自不必說，那些留在娘家的也要歸置好，一一交代給母親，母親一邊應答，一邊催促女兒：「修臉的嬸娘已經候了多時了……」

女孩子出嫁前，要請一位德高望重子孫滿堂的大媽或是嬸娘來修臉，記得宜昌的作家闇剛寫過一篇題為《聖手》的小說，就是寫的一位修臉的嬸娘。

修臉的重要內容是為要出嫁的女孩子「扯苦頭髮」，所謂「苦頭髮」就是額上、鬢邊以及臉上的汗毛和雜髮，嬸娘把納鞋底的線攀在手上，隨著拇指和食指一張一合，線就貼在臉上，絞掉了汗毛和雜髮，臉就顯得光鮮細膩，有了一種光澤，嬸娘一邊修臉，一邊囑咐，去到婆家，要如何孝敬公婆，如何侍奉丈

夫，有了委屈要忍一忍，往開了想，不能動不動就回了娘家，那會讓人說家教不嚴，丟了父母的臉面……想到一個無憂無慮的女孩子馬上就要過著有許多羈絆的日子，嬤娘忍不住有了簌簌的淚水，不過，花當開了就要開，也就收了不好的心情，也收了修臉的行頭說：「好了，一切都會順順當當地，吉祥吉祥。」

堂屋裡廂桌已經打好，所謂廂桌，就是將兩張桌子拼了，搭上有龍鳳圖案的床單，再擺上幾個果碟，這便是哭嫁的場所。

那孩子從閨房走出來，在廂桌邊坐了，閨蜜們立馬就坐攏來了，哭嫁就開始了。

　　姊妹哀，姊妹哀
　　扯把櫻桃沿路栽
　　櫻桃成林妹成人
　　櫻桃結果妹出門

這開頭的歌兒一唱，姐妹們就進入了狀態，想到昔日在一起玩耍的情景日後不再，想到曾經還和要出嫁的姐姐鬧過彆扭使過性子，淚水就真的來了。

　　石榴花開葉兒密
　　堂屋裡擺起了萬字席
　　遠來的客們上席坐

近來的客們下席陪

聽我唱個十姊妹

「十姊妹」是專門哭嫁的歌，鄂西的女孩子都記得好多歌詞，雖然有些字句不盡相同，卻也大同小異。

姊妹親，姊妹親

揀個石榴平半分

打開石榴十二格

隔三隔四不隔心

同樣是唱的石榴，就有不完全相同的：

姊妹親，姊妹親

揀個石榴平半分

打開石榴十二格

多年的姊妹捨不得

這一唱，要出嫁的女孩子真就忍不住哭出了聲，想到這些平日裡的好夥伴就要分開，自己就要孤身一人到一個陌生地方，她想忍，終於忍不住，旁邊立馬就有大媽或是嬸娘過來相勸，雖是難分難捨，卻畢竟是大喜的日子，太過傷心要不得，更何況現在是自由戀愛，不至於如此傷感。

長大成人要別離
別娘一去幾時歸
別娘縱有歸來時
能得歸來住幾時
妹妹去
哥也傷心嫂傷心

　　這又唱到了哥嫂，當哥的對妹妹總是關愛有加，哥每次出門總要給妹妹帶回一包好吃的，哥上山砍柴背柴，總要給妹妹帶回一包野櫻桃或是刺泡子，冬天裡沒有了這些物兒，也會掏幾個鳥蛋回來讓妹妹燉了吃，記得剛剛悄悄認識男朋友時，還是哥幫忙打的掩護，明天就要離開哥，還真捨不得。還有嫂子，人其實很不錯的，但是她逃不出鄂西的文化為姑嫂設置的固有模式，喜歡和嫂子鬧彆扭，直到嫂子看出自己和男朋友已經如膠似漆了，悄悄塞給自己一包避孕套，「你一個黃花閨女，也不好置辦的，裝在包包裡，以備萬一，別給爹娘丟人。嫂子還要教你一句話，最珍貴的東西是不能輕易給的，不然他會看輕了你的分量。」那一刻，她才覺得嫂子是多麼體己的人，以後想對她好，機會也少了，就暗暗下定決心，以後回娘家，一定多給嫂子捎些好東西回來。
　　哭嫁還在繼續：

門前一道清江水
妹來看娘不怕深
四川下來十八灘
灘灘望見峨眉山
妹妹回
爹也喜來媽也歡

　　又唱到爹媽，女孩子又忍不住哭了，又是嫂子來勸了，「就要和自己的心上人一起生活了，你不是盼著這一天嗎？哪來這麼多淚水，我當年嫁給你哥，恨不得插翅膀飛過來呢。現如今，又不是父母之命，媒妁之言，沒得這麼傷心。」接著，嫂子又在她耳邊小聲說：「別讓父母傷心，還有你哥，昨天在房裡已經哭過幾回了，高興點。」

　　嫂子又對哭嫁的人說：「現如今，哭嫁不過是個儀式，大家來點新鮮的，喜慶的。」

　　嫂子說的對，現在哭嫁僅僅是個儀式，它的存在，只具有文化意義，有很多地方，已經沒有哭嫁了，就是保留這個儀式的，也該有一些新詞了。沉默了幾分鐘，一個姑娘帶了頭：

高山嶺上一蓬葛
妹妹嫁到東流河

今年出入成雙對

明年娃兒笑呵呵

又有一個姑娘唱出了新的段子：

清江水，清又清

印花鋪蓋新又新

妹妹嫁到楠竹坪

嫁給銀子窩裡富貴人

穿的金，戴的銀

手腕箍的玉石梗

坐的寶馬小汽車

速度超過風火輪

風風光光來回門

不過超速要扣分

扣分罰款妹心疼……

這些段子編得真好，這哭嫁立馬弄得歡聲笑語，坐在灶屋裡一直鬱悶的爹媽都出來了，指著嫂子說：「平日裡看不出來，你還有能說會道的時候，好！」

「都是她哥被窩裡教的。」

「就教你這幾句？」就有人不依了。

「那我就索性來一段。」

嫂子清了清嗓子開唱了：

花尾巴喜鵲叫喳喳

妹妹明天要出嫁

嫂子囑咐你幾句

句句都是心裡話

孝敬公婆是本分

看我怎樣對待你的爹和媽

丈夫要愛要關心

也不能件件依著他

酒要少喝

牌要小打

漂亮女人多看看

可是心思不能花

賺錢的營生多思謀

可是千萬別違法……

這哭嫁讓嫂子改變了方向，不過在場的人都說好。

原載《民族文學》2016 年第 5 期

02 章

湖北位於長江中游，這裡湖泊眾多、河渠稠密、水土肥美、物產豐厚，是有名的魚米之鄉。天下之中的地理位置、得天獨厚的山水環境以及悠久厚重的文化底蘊，孕育了湖北人與生俱來的靈氣與品質，也涵養出獨具一方特色的湖北味道。

談到湖北飲食文化的歷史，首先得從人文始祖神農氏說起。傳說正是神農氏最早教會人們開荒種地，造就一派食源天地，因此才有了湖北飲食甚至是中國飲食文化的基礎。春秋戰國時期，楚國飲食文化已經非常成熟，《楚辭》的《大招》與《招魂》中對此有深刻描寫。《招魂》裡記載了從主食到副食、酒水、點心等二十多個品種的楚地美食，反映了楚國食材多樣、烹調技法嫺熟及佐料豐富多變的特點，楚味在先秦時期已蔚然成風。近代以來，因湖北重要的政治經濟地位，楚菜又得到了進一步的發展，其中最著名的就是享譽中外的「武昌魚」，它因偉人毛澤東的名句「才飲長江水，又食武昌魚」而聲名遠播。

由於地處東西南北交會的中心地帶，湖北自古就是中國飲食文化史上重要的融合和創新之地。湖北美食匯合了全國各地的風味，集南甜北鹹、東辣西酸於一體，在傳承與發展中形成了自成一派的「楚菜」。作為中國十大菜系之一的楚菜，主要由武漢、荊州、黃岡和襄陽四種地方風味組成，取材上以水產為本，魚饌為主，擅長蒸、煨、炸、燒、炒等烹調方法，具有汁濃芡亮、香鮮微辣、注重本色、菜式豐富的特點。

湖北地跨中國地勢第二、三級階梯，地貌類型多樣，山川、峽谷、平原均有分布，與之對應的地域特色飲食也是遍地可尋，從繁華鬧市的街頭小吃，到尋常人家的日常烹調，從江河湖泊的特色水鮮，到深山老林的山珍野味，各色美味種類繁多，風格不一，卻都恰到好處地融入了當地人的生活和習俗之中，造就了湖北人的飲食性格，成為湖北味道的重要組成部分，令中外遊客心馳神往。

今天，在我們日益加快的生活節奏中，能夠放慢腳步，停下來細細品味美食，似乎也變得奢侈。而湖北美食，在繼承傳統與尋求創新中愈發彰顯魅力，吸引了越來越多的人前來品嚐。美食本身也是一種文化，它在給人們帶來味覺享受的同時，也在傳遞湖北特色文化，給予人們認識湖北的新途徑。

「聞香識湖北」，讓我們尋著美食的香味，展開一段精彩的湖北之旅；讓我們在品嚐美食的同時，品讀湖北的山水人文！

第一節 · 飲食習俗

「一方水土養一方人」。湖北三面環山，中部是遼闊的江漢平原，使得湖北不僅有山珍，也有水鮮。湖北的飲食文化鮮明地體現了魚米之鄉的特色，飲食習俗總體來說偏向南方，即稻為主食、喜好魚肉、蔬菜豐富、湯品繁多、喜酒樂茶。

稻為主食

廣袤無垠、一馬平川的江漢平原，是古代雲夢澤之地，這裡是夢中的水鄉，也是「秋收滿畈稻穀香」的魚米之鄉。這裡的人們以稻米為主食，以小麥為輔食。許多湖北人，特別是江漢平原一帶的人，一天不吃米飯如同沒有吃飯一般，麵條、包子這些麵食只是在過早、宵夜時才會吃到，或者是在米飯不夠的情況下，臨時「救急」。

在湖北的一些農村，家裡有紅白喜事請客吃飯時，做出來的米飯都是不一樣的。如果家裡有老人去世了，會先將大米煮至發軟，然後將水倒掉瀝乾水分，再用木甑蒸制米飯，這樣蒸出來的飯往往較乾、較硬。所以，人們弔唁去世的老人時，也經常說「去吃硬米飯」。鄂西恩施的土家族還有燒製土豆飯的偏好。將新鮮土豆蒸熟後，在鍋底抹上少許油，把

蒸熟的土豆一個個碼好，再倒入米飯，用小火（最好是炭火）慢慢加熱，做好的土豆飯有著炕土豆的焦香和大米的清香，令人欲罷不能。還有一種飯叫「金包銀」，又稱「金裹銀」，在湖北山區很常見，做法是將米煮到半熟後，濾掉米湯，然後用蒸鍋蒸或蒸飯籠蒸，蒸到九分熟後加入玉米粉，攪拌均勻，再蒸大約五分鐘即可。玉米粉少量即可，不宜多加，否則影響口感。這種飯由金色的玉米粉和銀色的大米混在一起，所以叫「金包銀」或「金裹銀」，從營養上講，這是粗細糧搭配，更加健康。

湖北的京山屈家嶺、江陵毛家山等地出土的大量稻穀和稻穀殼可以證明，早在八千年以前，荊楚大地上就已經存在以水稻種植為主的氏族部落。千百年來，生產的發展和人民生活的改善也推動了湖北稻米食品的製作走向多樣化、精細化的道路，米粉、米粑、糍粑、年糕、湯圓、粽子等，都變著花樣走上普通大眾的餐桌。

米粑，即「米粑粑」，江漢平原地區稱「溜粑」，因其售賣時成對出售也叫「對粑」，是湖北的特色小吃之一。米粑的製作材料主要是米，先將大米磨漿後發酵，然後用小火在平底鍋裡烘烤而成。剛出鍋的米粑粑外焦裡嫩，吃起來糯甜可口，非常美味。

米粑

糯米以及種類繁多的糯米食品也是湖北人喜歡的主食，粽子便是這其中極具代表性的食品之一。端午節吃粽子的習俗就起源於湖北，關於這一習俗有幾種不同傳說。其一，在屈原故里宜昌秭歸，有這樣一個傳

說：屈原自投汨羅江後，崇敬屈原的楚人，紛紛從四面八方趕到江邊，甚至有人還划舟去打撈屈原的遺體。楚人為了悼念屈原，紛紛以竹筒貯米投於江中，這是粽子的雛形。其二，傳說漢朝建武年間，長沙的區曲，見過一個自稱三閭大夫（屈原）的人對他說：「得知你正要來此祭奠一番，很好。但這些年大家送來的東西，全被蛟龍偷去吃了，今天你如果有什麼東西要送的話，可以塞些楝樹葉，再用五綵線纏上，這兩樣東西是蛟龍最害怕的。」後來此事在楚國故地傳開，於是在屈原的故里，每年五月初五，人們都會用楝樹葉包糯米纏五綵線投江的辦法紀念他。雖說法各異，但都說明早在戰國時，農曆五月五日這天就有包粽子祭屈子的習俗，後發展成為端午節吃粽子的節令民俗。

糍粑在湖南、四川等地也很常見，做法比較簡單，先將糯米蒸熟，後放在石臼裡面搗碎做成餅。湖北的做法不會將糯米打得那麼軟糯，還會有意留下一

糍粑

些米粒，而且會將糍粑浸泡在水中，防止其變乾。糍粑一般有兩種吃法，一種切片後大火乾炸，使其外焦裡嫩，可蘸白糖或蜂蜜吃；一種軟炸，小火炸軟糍粑，之後浸糖水，這樣做出的糍粑軟糯，口感甘甜，唇齒留香。

「米糰子」是湖北仙桃和監利等江漢平原南部地區的美食。這裡的人們認為「年小月半大」，「年」指春節，「月半」指元宵節。在這一帶，農曆正月十五的元宵節被認為是比春節更重要的節日，人們將這個節日視為在新的一年辛苦勞作開始之前的一次大團圓。當地人在這天吃的主食是「糰子」而非其他地區常吃的湯圓或餃子。關於這一習俗的由來，傳

說是元末監利的漁民陳友諒揭竿而起，其夫人潘氏曾用「沔陽三蒸」犒勞士兵。所以自明初開始，荊州一帶臘月三十吃團年飯時必備的主菜就成為沔陽三蒸。後來有人為了不浪費糧食，就把拌「三蒸」剩下的米粉搓成圓團，內填菜餡，蒸熟後吃，非常美味。這種製作方法逐漸流傳開來，人們取團圓喜慶之意，就叫這種美食為「糰子」。米糰子的做法比較簡單，用上好的黏米或者早稻米磨成的米粉倒進鍋裡，用文火焙到五分熟，再用開水調勻，調到能捏出完好的糰子。米糰子的餡料選擇以臘肉為主，輔之以蓮藕、蘿蔔、白菜、香干、粉條、蒜苗等。選好餡料後，得把餡料切細炒熟後放著備用。包糰子時，把調好的米糰搓成一個大小適宜的圓球，用大拇指按成碓窩狀，然後用筷子夾適量的餡放到裡面，慢慢轉動糰子，收攏、收口，再略微搓圓就做好了。包米糰子之前可以用水把手打濕防止黏手。蒸鍋裡的水燒開後，將做好的米糰子放進蒸籠，再蒸上十五分鐘左右就可以了。揭開甑蓋的那一刻，整個廚房升騰起一團白霧，吹散白霧，就可以看見蒸熟後晶瑩剔透的糰子！

喜好魚肉

湖北省內有長江、漢江，東南方有洞庭湖、洪湖、梁子湖等，這種特殊的地理環境為湖北帶來了豐富的淡水資源，為「水產為本，魚鮮為主」的楚菜提供了良好的條件。

有美食家說「味在四川，鮮

魚躍兆豐年

在湖北」，湖北的「鮮」最主要體現為魚鮮。湖北魚類多達一七〇餘種，常見魚類達五十多種。湖北人最喜歡的美食之一就是「魚」，「鯿魚吃邊，鯽魚吃背，胖頭腦殼鯇魚皮」「春鯰夏鯉蘆花鯽，過冬青草鯰魚皮」等民謠都反映了湖北人對吃魚的熱衷。

在一些特殊的場合，湖北人吃魚的講究也有所不同。過年要做紅燒鯰魚，以圖「年年有餘」；婚慶席上一定要有一道紅燜鯉魚，預示多子多孫；生意人開張，一定少不了才魚奶湯，預祝「恭喜發財」。在魚的做法上，烹調方法達三十餘種，包括紅燒、油燜、煎烤、清蒸、汆、水煮、醃製等，並且還把魚加工成各種樣式、各種口味，如魚糕、魚圓、魚麵、魚片、魚條、魚餅、魚塊等。

魚圓、魚糕、魚麵，都有吃魚不見魚的共同特徵，因為它們去除了魚刺，所以許多人都愛吃。魚圓就是魚丸、魚汆，是湖北民間的傳統佳餚，食神袁枚在《隨園食單・水族有鱗單》中這樣描述它的做法：用鮮活的白魚、青魚，在釘板上從中間剖開，用刀刮下肉，只把刺留在板上；將肉斬化，用豆粉、豬油拌，以手攪之；放鹽少許，不要清醬，加入蔥、薑汁做團。一切準備好之後，將其放在滾燙的開水中，煮熟後撈起來，放在冷水中，等到吃的時候加雞湯、紫菜煮至滾熟。湖北的魚圓口感很好，曾代表楚菜獲得全國首屆烹飪技術比賽的金牌。經過歷代名廚的不斷改進和提高，橘瓣魚圓、穿心魚圓等新菜式也應運而生。橘瓣魚圓的別稱是「橘瓣魚汆」，

魚圓

用魚肉茸擠成橘瓣的形狀，再加入雞汁、香菇、味精、胡椒、豬油、精鹽、蔥花等調料氽煮即成。它外形似橘瓣，光潔如珠，味道鮮美，遇水即浮，入口即化，是湖北魚肴中的精品。當然，要做成這樣的美食絕非易事，調製細膩、黏稠、上勁的魚茸是其一，其二就是手上的成形功夫了。因為橘瓣這種幾何圖形比較特殊，擠時對手形和力度上的技巧要求很高。湖北另一絕是穿心魚圓，它是以凍豬油為心，白魚茸作瓤，在雞湯中氽成，魚圓下鍋煮沸受熱，油心自然溶化，吃起來細滑爽口有嚼勁，且魚圓潔白，湯汁清澈，獨樹一幟。清代時，武漢的穿心魚圓就聞名遐邇，雷夢水等人的《漢口竹枝詞》中「休問筵賓誇手段，製出魚圓是空心」一句就是對這道菜的誇讚。可以做魚圓的魚種繁多，鱖魚、鯉魚、草魚、青魚、白魚、鰱魚等均可製作，其中刺少、肉質彈性好的魚是上品。

聰明的湖北人還將魚和肉搭配燒製，從而使做出來的菜品口感豐富而有層次，達到了一種吃肉不見肉、吃魚不見魚，魚、肉味兼有的境界，營養也更加全面，這其中就有鐘祥蟠龍菜、荊州魚糕、麻城肉糕，它們都是魚肉搭配的精品之作。蟠龍菜又叫「盤龍菜」，是荊門鐘祥市的特色名菜，在明朝就是宮廷御膳中的佳餚，起源於湖廣安陸州（今鐘祥）興獻王府邸。製作蟠龍菜時，先把雞蛋在油鍋中攤成薄餅備用，再把肉類、魚類、蔬菜等切碎拌勻，用雞蛋薄餅捲起切成小段，在盤中擺成龍的形狀，用高湯在油鍋中做汁，澆在雞蛋捲上即可食用。將紅黃相間的蟠龍菜捲成龍形裝盤，味道極佳。直到現在，過年時它都會出現在鐘祥每家每戶的飯桌上。

荊州魚糕，也叫「湘妃糕」，是一道傳統佳餚。傳說舜帝南巡時，湘

妃愛吃魚但是又討厭魚刺，廚師便想方設法做了「吃魚不見魚」的糕，就是「湘妃糕」。春秋戰國時，紀南城（楚國國都，紀南城遺址在今荊州城北）的南門外有家「百合鮮魚莊」，楚莊王某日郊遊在這裡吃飯便愛上了這裡的飯菜，特別是魚糕，後來這道菜被引入宮中，成為楚宮的頭牌菜，這道菜也一直延續到清朝。傳說乾隆嘗過荊州魚糕後脫口而詠：「食魚不見魚，可人百合糕。」

「百合糕」指的也是荊州魚糕。其做法就是用上等青魚或草魚，去頭、脊骨和胸刺。從魚尾處下刀，去魚皮，剔紅肉，清水洗淨，洗到魚肉變為白色。洗好後，放在豬皮上面用排刀剁成魚茸。魚茸放入盆裡，倒入雞蛋清拌勻，分多次加入薑水，順時針攪成粥狀。加入蔥白末、澱粉、精鹽、味精、胡椒粉，然後攪拌，最後加入肥肉，一起攪拌成魚茸糊就好了。接著大鍋在蒸籠下燒上出水蒸氣，在篦子上鋪上濕紗布，上面放好魚茸糊用刀抹平，蓋上蓋子大火蒸約三十分鐘即可。揭開蓋子，用乾紗布吸乾表面的水汽，把蛋黃均勻地抹在魚糕表面，再蒸五分鐘。關火冷卻後，把魚糕翻置在案板上，等到魚糕完全冷卻時，即可用刀切成適合自家存放的形狀。

在今日的荊州地區，不管誰家請客擺席，上的第一道菜就是「蒸三鮮」，也叫「頭菜」「三鮮頭菜」「合家歡」。這道菜主要用魚糕，加上煮熟的肉丸、肉條（由豬肉油炸而成），輔之以豬肝、腰花、肚類等調成醬汁，撒上黃花菜、黑木耳、玉蘭片等配料即可，其色澤豔麗、滋味各異、質軟鮮嫩。

湖北傳統名菜不僅有荊州的魚糕、鐘祥的蟠龍菜，還有黃岡麻城的肉

糕。其製作方法是把去刺去皮的鮮魚和無骨無皮的豬肉都剁成肉醬，再把茗粉、清水、食鹽按一定的比例與肉醬攪拌，加入薑末、蔥花等佐料，做成圓形或方形，放入蒸籠，大火蒸十五至二十分鐘，蒸好之後切成長片，呈寶塔形碼在碗上，其味鮮美可口。

魚麵也是湖北傳統小吃，其脂肪含量低，蛋白和鈣的含量高，營養豐富，味美且製作方便，具有開胃健脾、強腎益肝、催乳補氣的功效，是老少婦幼的理想營養食品。其中雲夢、黃梅、麻城的魚麵最有名，魚肉選擇的是青、草、鰱、鯉等魚，麵用的是上等白麵、玉米粉，佐以麻油、細鹽，經過揉、擀、蒸、切、曬等工序製成的。魚麵形狀和普通麵條一樣，但卻是湖北特產中的上乘。《雲夢縣誌》中記載，魚麵創製於清道光十五年，問世後，「擀的麵像素紙，切的麵像花線，下在鍋裡團團轉，盛在碗裡像牡丹」，食客都非常喜歡，雲夢的魚麵作坊不斷增加。作為貢品的雲夢魚麵曾被封為「御麵」，還在一九一五年舉行的巴拿馬萬國博覽會上榮獲金牌，被譽為「銀絲魚麵」。

湖北的魚類菜餚品種達一千多種，鄂東地區還十分盛行全魚席。魚席歷史可以追溯到戰國末年，《楚辭·大招》中開列的宴席單中包含了許多的水鮮菜式，水鮮席的雛形已經初步具備，是中國魚席的源頭。今天的湖北魚席主要有單料全魚席，具體就是整桌宴席只用一種魚品作主料，冷碟、熱炒、大菜、羹湯，甚至麵點，都要用到這種魚品，如武昌魚席、漢川鱧魚席、江陵鱔魚席、沔陽青魚席、鱖魚席等；另一種魚席則是由魚菜和其他水產品做主料，以禽、蛋、肉、奶、蔬、果、菌、筍等為輔料組成，例如大中華魚席等。單料魚席的工藝精湛，多料魚席變化多樣，各有千秋。

談到湖北的魚席，不得不提到武昌魚席。武昌魚，學名「團頭魴」，是湖北名貴淡水魚鮮中的名牌。歷代文人墨客對它讚美有加，如庾信的「終憶武昌魚」，杜甫的「魴魚肥美知第一」，范成大的「武昌魚好便淹留」等。海參武昌魚席、網衣武昌魚席、楊梅武昌魚席等都是荊楚的武昌魚席精品，這些魚席色香味俱佳，荊楚飲食文化的魅力展現得淋漓盡致，也給中華宴席增色添彩。

臘肉

湖北人也愛吃肉，從雞鴨鵝到豬牛羊，無所不歡。湖北人吃肉最有特色的就屬吃「臘肉」，或者燻肉。楚地冬臘月的特色美食是「乾魚臘肉」，逢年過節湖北人餐桌上必不可少的美味也是這道菜。通常在每年的冬至過後，湖北人便開始醃製臘魚臘肉。其醃製方法為將食鹽加入花椒炒後，拌入魚、肉中，將魚、肉醃製一段時間，經日曬風乾而成。這樣的工序做出來的臘魚臘肉風味獨特，口感很好，是開胃祛寒、消食佐餐的佳餚。

湖北沔陽（今仙桃市）的傳統名菜——沔陽三蒸，在整個江漢平原都很常見。沔陽三蒸包括蒸畜禽、蒸水產、蒸蔬菜。蒸肉做法是把切成長約三釐米、寬約二釐米、厚三毫米的片狀豬肉放入器皿內，加鹽、少許醬油、紅腐乳汁、薑末和少許白酒以及胡椒粉、味精拌勻醃製十至十五分鐘左右。然後用大米粉裹勻後一片片擺入蒸籠內，加蓋用旺火蒸六十到七十分鐘左右取出，翻扣在盤內，另在小碗中放醬、陳醋、胡椒粉、

味精、蔥花、麻油,加少許熱水沖製滷汁,澆在蒸肉上即可食用。沔陽三蒸一般可以選擇魚、肉,再搭配一種蔬菜一起蒸,也可以是蒸肉再搭配兩種蔬菜。冬天,一般搭配的蔬菜是菠菜、茼蒿等。夏天,可選擇豆角、茄子,也可以是蓮藕、菱角等。如

沔陽三蒸八樣|伍峰攝

今,江漢平原幾乎家家的年夜飯都會有蒸菜,而且是重頭菜,有的蒸排骨、蒸鱔魚,有的是蒸各種蔬菜。蒸菜少油少鹽,又保存了食物原有的營養成分,實屬健康食品。

蔬菜豐富

湖北是有名的蔬菜生產大省,其出產的高山蔬菜、水生蔬菜和魔芋等曾一度風靡全國。就知名度和美譽度而言,能夠代表湖北蔬菜的當屬出產自武漢武昌區洪山一帶的洪山菜薹。

洪山菜薹,又叫紅菜薹、芸菜薹、紫崧。其色澤紫紅,脆嫩清香,營養頗豐,是武漢人冬春兩季常見的家常菜。據載,在唐代時紅菜薹已經成為有名的蔬菜,歷來都是湖北地方向皇帝進貢的土特產,曾被封為「金殿玉菜」,與武昌魚的名氣不相上下。

關於洪山菜薹的美味,有一個故事足以證明。民國初年,黎元洪離開武漢到北京就任大總統後,每年冬天都會派專人到洪山來採購紅菜薹。

因為運輸的路程遠、時間長，等運到北京後，菜薹已經失去原有的色澤和鮮味，與本地的新鮮嫩菜薹相比，口感和賣相都極差，食者經常感到不滿意。這時有人建議把洪山的泥土用火車運往北京試種，菜薹雖長出來了，但仍然差強人意。洪山菜薹的可貴愈發彰顯，所以只好照老辦法，經鐵路火速運菜薹到北京。洪山菜薹如此珍貴，而它最地道的做法卻十分簡單——與臘肉合炒，菜薹的清爽與臘肉的鮮香相得

洪山菜薹

益彰，兩者的味道都得到極大的提升，實在是不可錯過的美味。

在蔬菜的做法上，湖北人比較家常的做法主要有「鮮、泡、醃、乾」四種。鮮做自不必言，取新鮮蔬菜快速炒製、涼拌。泡菜製作的歷史悠久，且簡便易學，在荊楚大地十分常見。以前，能裝三至六擔水的大泡菜缸，在大別山地區的農家院中極為常見。每到秋天，農人便開始製作泡菜，將各種菜分類裝好，也有將辣椒、蘿蔔醃在一起的，放鹽，再放幾個圓滾滾的石頭壓實，蓋上木蓋，糊泥密封。等到吃的時候，一打開菜缸，滿屋都是泡菜的香氣。在吊鍋上煮醃好的酸辣菜時，加上季節性的黃瓜、莧菜、扁豆、蘿蔔等鮮菜，再加上醬腐乳、紅苕飯，一家人圍坐而食，十分愜意。

位於鄂西的恩施，因地處山區，水質偏硬多呈鹼性，所以恩施有許多地方喜食酸性食物來中和。恩施土家人食的酸不是來自於醋，而是自製的各式泡菜。酸菜在許多恩施人的眼中是家常菜，可以說一年四季餐餐

不離。幾乎各種蔬菜都可以被土家人製成酸菜，如大蒜、洋荷、蘿蔔、洋薑、黃瓜、大白菜、豆角、辣椒等，醃泡後的成品酸爽可口。並且泡菜水也可作為調味料入菜，其天然發酵的乳酸味道和食醋的酸味截然不同，深得恩施人的厚愛。

醃菜的做法較泡菜更為簡單。無論泡菜、醃菜，均是將菜洗淨晾曬後，加鹽進行醃製，吃起來清爽可口，具有開胃下飯的功能。

「曬乾菜」也是楚地一道風景。蘿蔔、白菜、芥菜、薺菜、辣椒、茄子、豇豆、四季豆、土豆、扁豆、刀豆、椿苗、金針、竹筍、馬齒莧、紅苕稈和葉以及薇菜等，均可曬乾，吃的時候，可加佐料烹炒，也可直接放剁椒涼拌，製作簡單省事。

湯品繁多

「無湯不成席，無魚不成席，無圓不成席，無蒸不成席」是湖北菜的特色。「家家戶戶備瓦罐，逢年過節煨鮮湯」則是湖北人喜愛和重視「湯」的民俗證據。在湖北人家的宴席上，熱菜之後上桌的湯菜是正菜上完的標誌，表明筵席進入後半程。婚禮、壽宴等隆重的場合和普通家庭聚餐都要用一碗熱氣蒸騰的鮮美湯菜來壓軸。湖北湯煲中上乘的有土雞湯、野鴨湯、甲魚湯、蓮藕排骨湯等。

湯的製作方法有煮有熬、有煨有燉。「砂鍋罐子」主要是家庭煨湯時用。煨湯的火候特別重要，一般是猛火燒開，文火細煨。湯汁油而不膩，湯料爛而不糊。湯是開胃妙飲，能促進血液循環。寒冬，以湯驅寒；炎炎夏日，以湯開胃，還能補充身體所需的電解質、水分和營養。

湖北人不僅喜喝湯，也擅做湯，特別是做魚湯，如鯽魚湯、鮰魚湯、鱔魚湯、才魚湯、魚圓湯、甲魚湯等。歷史上，「八卦湯」是最具地方特色的。「八卦湯」即烏龜湯。古時楚地巫師常用龜殼占卦，這就是湖北人稱烏龜肉為八卦肉的原因，八卦湯也就因之而起了。《楚辭·大招》中就有關於龜肉煨湯的記載。以前武漢煨八卦湯的餐館很多，如今名聞三鎮的則是「小桃園」的湯。在這裡豆漿山菌魚湯最受歡迎，它是以豆漿煮湯，用鮮美的香菇和鮮魚作主料，做成之後兼具蘑菇、魚的鮮美和豆漿的清甜甘美。

喜酒樂茶

　　湖北境內水系眾多，氣候溫潤，江漢平原是中國稻米的主產區之一。古往今來，釀酒和品酒都是這裡的人們所熱衷和擅長的，楚地孕育的豐厚酒文化遺產是湖北地區的一枝奇葩。

色清味醇品茶香

　　湖北地區讚美酒的詩詞文章數不勝數，多來自唐宋文人墨客和達官名流，側面展現了那個時代湖北釀酒業的發達程度。「水濃如酒」就是在安陸生活了八年的李白所寫，可見安陸水河兩岸酒業的繁榮景象不虛；千古絕唱《赤壁賦》是左遷黃州的蘇東坡酒醉江邊所作；「釀成千頃稻花香」是曾官任湖北的辛棄疾在一次出行中夜宵農家作坊，

乘酒興賦詞所寫；酒中仙李白還寫了「將船買酒白雲邊」的詩句來描述夜遊洞庭乘月色催船趕到北岸（今松滋）去沽酒的情景……如今，黃鶴樓、白雲邊、稻花香、枝江、勁酒、石花霸王醉等一批品牌酒，仍然保持著楚酒醇厚迷人的芬芳，將大江大湖醞釀的湖北味道帶向全國乃至更遠的地方。

湖北茶文化歷史悠久，飲茶習俗和風格也別具一格。「神農嚐百草，日遇七十二毒，得茶而解之」的傳說古已有之。

湖北天門人陸羽，因其所著的世界第一部茶葉專著——《茶經》而被譽為「茶聖」。《茶經》是湖北人自古以來豐富的種茶、飲茶經驗的歷史沉澱。湖北省因地處北緯 30°上下，氣候適宜茶葉的生長，自古以來就是全國主要產茶區之一，歷史上漢口長期是全國茶葉出口三大口岸之一，十九世紀下半葉以來的漢口茶市在世界茶業貿易史上也有很重要的

茶園春色

地位。直到今天，赤壁羊樓洞磚茶、恩施玉露、伍家台貢茶、龜山岩綠、採花毛尖、鄧村綠茶、天麻劍毫、天堂雲霧茶、大悟壽眉等湖北名茶早已名揚四海，成為一方水土的見證，吸引著八方茶客慕名而至，恩施民歌《六口茶》更是成為當地的一張旅遊名片。

湖北豐富的地貌環境造就了多樣的氣候條件，非常適宜茶葉生長，鄂西地區更是優質茶葉的產地，因為這裡地處山區，常年雲霧繚繞、氣候濕潤，適合茶樹種植，且土壤中含有硒、鋅等茶葉生長所需的多種微量元素。

湖北境內廣泛種植的茶樹、整齊壯觀的茶園，不僅為海內外的茶友們提供了品種豐富的茶葉，同時也為廣大遊客提供了遊玩的好去處。近年來，隨著生態旅遊、鄉村旅遊的蓬勃發展，茶旅融合成為湖北旅遊的新寵。許多茶園抓住機遇，紛紛開闢旅遊參觀線路，加大宣傳促銷力度，吸引遊客。每年春夏兩季，恩施州宣恩縣的伍家台、鶴峰的走馬鎮，宜昌五峰縣的採花鎮、宜夷區的鄧村鄉，襄陽的谷城縣堰河村，十堰竹溪的龍王埡，隨州大洪山景區的雲峰山，都有大批遊客前來茶園參觀，體驗採茶、制茶工藝，品評茶湯，學習和了解茶文化。一些地方每年還專門舉辦茶文化旅遊節，吸引客商和遊客，宣傳城市形象和地方品牌，一舉多得。

第二節・經典楚菜

　　楚菜即湖北菜，以前也稱「鄂菜」「荊菜」，發源於江漢平原。屈原的《楚辭》中《招魂》《大招》記載的楚宮佳餚就有二十多種，是國內最早的有文字記載的宮廷筵席菜單。隨州曾侯乙墓中出土的一百多件春秋戰國時期飲食器具也證明了楚菜在春秋戰國時期就已經非常豐富。漢魏唐宋，楚菜逐漸發展，在明清時期完善，一九八三年躋身中國十大菜系之列。

　　江漢平原是傳統楚菜的中心，除了有武漢、荊州和黃岡三種地方風味菜外，還包括荊南、襄鄖、鄂州和漢沔四大流派。宜昌、荊州等地屬於荊南風味，因為這一帶河流湖泊眾多，水產資源非常豐富，故對各種水產菜的製作比較擅長，以各種小水產的烹調最為上乘。對雞、鴨、魚、肉的合烹特別重視，製作肉糕、魚圓也與其他地區不一樣。漢沔風味起源於古雲夢大澤，漢口、沔陽（今仙桃市）、黃陂、孝感等地都屬於漢沔風味的範圍，這裡的水產資源也很豐富，魚類菜餚是這裡最具特色的菜品之一，蒸菜、煨湯別有一番風味，小吃和工藝菜也享有盛名。漢水流域則主打襄鄖風味，包括襄陽、十堰、隨州等地，這裡最擅長肉禽菜，也喜歡烹飪山珍果蔬，部分地區的口味偏川豫地區。鄂東南丘陵地區主打的是鄂州風味，還包括黃岡、咸寧等地，農副產品是該地的特產，菜餚兼具主副食兩種，以炸、燒和糧豆蔬果的加工見長。

　　楚菜具有工藝精緻、汁濃芡亮、口鮮味醇、以質取勝的特點。烹飪方法以蒸、煨、炸、燒、炒為主，講究鮮、嫩、柔、滑、爽，注重本色，經濟實惠。楚菜有「三無不成席」的說法，即一無湯不成席，二無魚不成席，三無丸不成席。

武漢名菜

楚菜的典型代表非武漢菜莫屬,其在武漢、天門、孝感、仙桃等地風味的基礎上,兼收省內外各種流派的長處,並發展出自己的風格,是湖北菜系的當家花旦。主要名菜有清蒸武昌魚、排骨藕湯、臘肉菜薹、黃陂三合,以及紅燒義河蚶、紅燒木琴魚、汆鯛魚、八卦湯、紅扒魚翅、蝦子海參碗魚、茄汁鱖魚、沔陽三蒸、全家福、芙蓉雞片、黃燜甲魚、橘瓣魚圓等。

武昌魚名揚天下,其做法也豐富多樣,除了清蒸外,還可以紅燒、風乾、香煎、糖醋等。紅燒武昌魚,先要挑魚、殺魚、洗魚,之後在洗淨的魚身上劃五個斜十字刀紋,玉蘭片切片,開大火,下芝麻油燒熱,魚下鍋,煎至兩面金黃後,將料酒、薑末、醬油、精鹽、蔥段、玉蘭片、清水等全部倒入與煎好的魚烹調,燒開湯汁,中火燒十分鐘,再用旺火燒三分鐘,等到湯汁稠濃時只把魚盛入盤內,在原汁中加入味精、白糖、濕澱粉、熟豬油後仍用旺火燒,之後起鍋澆在魚麵上即可。做風乾武昌魚時魚要順著魚脊骨片下兩大片魚肉(不要完全片開,要讓兩片魚肉相連,方便後期懸掛晾曬),魚片兩側抹鹽,冷藏一天,倒掉醃出的水,再抹層鹽醃一天,倒出水。在鍋中炒香炒乾花椒、丁香、八角,打磨成粉,加鹽拌勻。醃好的魚片兩側均勻撒滿醃粉。把魚

武昌魚

片用繩子穿起來，掛在通風的地方風乾後，裝入密封容器中。食用時，在鍋中用油把魚炸到金黃色後，放入備好的大蔥、花椒、生薑、料酒、陳醋、老抽、雞精、味精、白糖等翻炒一分鐘左右，就可以聞到調料的香味了，這時要加水，等水被魚塊吸乾後，就做好了。湖北平常人家吃武昌魚，大多是家常做法，就是香煎武昌魚。把大蔥切成段，薑切片，在洗淨的新鮮武昌魚上劃幾刀後抹鹽和花椒，這樣更加容易入味，再撒上去腥的料酒，醃大概半小時到一小時。鍋燒熱，涼油下鍋開小火把魚兩面煎黃。魚快煎好的時候，加少許小蔥和薑片、少量胡椒粉，香氣溢出即可起鍋裝盤。

武漢市郊區黃陂民間的漢族傳統佳餚——黃陂三合，已有數百年的歷史。相傳崇禎年間，李自成率領起義軍攻取了黃陂城，捉了縣官。當地百姓拿出過節才用的魚丸、肉丸、肉糕招待起義軍，並將其合燒，一菜三鮮，味道極美。此後，黃陂三合盛名遠颺。新鮮草魚是製作魚圓的上

黃陂三合｜陳才勝攝

好食材，活魚去鱗和魚刺、魚皮，然後剁泥，拌入雞蛋清、薑汁、香蔥、精鹽、豬油、澱粉、味精、清水攪勻後，用大拇指和食指擠成一個個圓圓的丸子，按次下鍋煮到浮起時就可以撈起備用。豬腿肉是製作肉圓的最佳食材，將豬腿肉剁成餡狀後加上少許魚泥和各種調料，用湯匙弄成肉圓，在油鍋中炸熟即可。肉糕跟肉圓的用料一樣，但是工藝稍稍複雜，先把煎好的豆油皮、魚、肉糊從下到上鋪在蒸籠裡蒸熟，後將其切塊，抹上蛋黃，再蒸半小時後出籠，攤涼後切成長條狀。這三樣食材合燒的雜燴，魚和肉的香味融合在一起，味道極好。

橘瓣魚圓：魚圓、魚丸、魚氽都是同一種美食，是湖北民間的傳統佳餚。楚文王時代大概就有魚圓了。相傳楚文王在一次吃魚時被魚刺扎喉，非常憤怒，司宴官也因此被斬。從此

橘瓣魚圓

廚師在給楚文王做魚時，都會去掉魚頭、魚皮、魚刺，剁成魚茸，做成魚圓。後來，魚圓的烹調和製作在時代的進步中得到了很大的提高和改進。橘瓣魚圓即是做成橘瓣形的魚圓，這種魚圓的顏色潔白，形似橘瓣，美味可口。

荊宜名菜

湖北菜的主要代表——江漢平原菜，以荊州、宜昌兩地最為著名。兩

地所產淡水魚非常鮮美，魚糕製作技藝十分精湛，各種原汁原味的蒸菜具有用芡薄、味清純的特點。代表菜有八寶海參、冬瓜鱉裙羹、荊沙魚糕、皮條鱔魚、蟠龍菜、千張肉、筆架魚肚、松鼠鱖魚。

八寶海參是湖北荊州、宜昌一帶的漢族傳統名菜。「八寶」即火腿、蹄筋、雞肉、冬筍、蝦米、香菇、蓮子和荸薺。其風味咸鮮、菜色鮮美，海參軟嫩滑爽，八寶各味無不讓人驚豔。據傳在八月十五這天，八仙在荊州一家酒樓觀看人間勝景時，該酒樓的廚師用八味鮮料為他們烹飪了這道菜。此後「八寶海參」被改名為「八仙過海」。如今，在製作此菜時，海參鋪在面上（蓋面）即為「八寶海參」，海參墊底則為「八仙過海」。

荊州古城有一道傳統名菜「冬瓜鱉裙羹」，是用鱉（又稱甲魚、團魚、腳魚）的裙邊和嫩冬瓜一起煨製的一種湯，其鱉裙又軟又嫩，湯汁清純，冬瓜清香，湯汁鮮美。此菜已有一千多年的歷史。冬瓜鱉裙羹早在北宋時已成為名菜。《江陵縣誌》載：北宋時期，宋仁宗召見江陵張景時問道：「卿在江陵有何貴？」張回答：「兩岸綠楊遮虎渡，一灣芳草護龍洲。」仁宗又問：「所食何物？」張說：「新粟米炊魚子飯，嫩冬瓜煮鱉裙羹。」今天，在荊州一些著名菜館仍能品嚐到這道依古法炮製的名菜。凡到荊州古城品嚐過此菜的人，都稱讚說：「荊州處處魚米香，佳餚要數鱉裙羹。」

千張肉，是荊州江陵一帶民間筵席上的「三大碗」之一，五花豬肉是製作這道菜的主打食材，有煮、炸、蒸三道工序。這道菜做好之後，呈鮮紅色，肉片軟嫩不膩，有嚼勁，味道鹹甜兼具。傳說在唐朝的時候，

有一個名叫段文昌的宰相，對美食很有研究，各種美食他都嘗過。而且，他很喜歡烹調，出自他手的菜餚雖然簡單易學，食材常見，但色香味俱佳，就是他首創了「千張肉」。唐穆宗年間，段文昌回老家省親宴請親朋好友時，廚師做了許多菜，其中有一道形如髮梳，稱之為「梳子肉」，塊大肉肥，一看就讓人沒了食慾。宴會結束之後，段文昌與做這個菜的廚師交流一番，提議用豬五花肋條肉代替肥肉，以黑豆豉代替炸胡椒，並加蔥和薑等佐料。在段文昌離鄉之前，他又辦了一次宴會，這次廚師做了改進後的「梳子肉」，其賣相很好，肉質鬆軟，肥而不膩，一端上桌，便被客人搶光了。食客追問其菜名，段文昌根據這道菜肉薄如紙的特點，為它取名「千張肉」。後來這道菜漸漸走進了千家萬戶的廚房和大小飯店，經過專業人員的不斷改進，今天依然流行。

說起江漢平原的美食，蒸菜首當其衝。除了先前介紹的「沔陽三蒸」外，湖北天門也是蒸菜之鄉。早在新石器時代的晚期，蒸菜用的甑，就被先民從鼎、鬲等陶器中獨立創造出來，可以說是世界上最早的蒸鍋。它的具體用法是在鼎或鬲器上加一個蒸食的籠屜，上面蓋個蓋子。這種蒸器最早出土在距今四六〇〇多年前的湖北天門石家河文化遺址中。稻種的遺留物以及雞、鴨、豕、魚的殘骨也是在這裡被發掘的，這些考古遺物證明了隸屬稻作文化圈的天門先民的智慧。蒸制烹飪節省時間和能源，他們用陶甑蒸制米飯時會在米飯上蒸雞蛋或蘿蔔，這樣米飯和菜就可以同時出鍋了。這可以被視為中國烹飪中最早的清蒸法。北魏賈思勰在《齊民要術》中也提到了天門清蒸法，對清蒸的烹調方法和清蒸鯿魚的做法有詳細記載。夏商周時期，陶甑的高級替代品——青銅甑便問世了，使用青銅器縮短了蒸煮時間，也相應地改進了蒸煮方法。漢代，鐵

釜替代了青銅甑，天門的蒸菜法又有了新的提高。民國以來，一直到二十世紀七〇年代，天門蒸菜不斷發展。天門蒸菜有「滾、淡、爛」三種風味。任何品種或蒸法，上桌時都應該達到熱氣騰騰的滾燙效果，只有這樣，菜餚的色、香、味、形和待客時的熱烈氣氛才能最大程度地體現出來，大碗扣裝或直接將蒸籠端上是常見的上菜方式。上桌時熱氣騰騰的菜品讓人垂涎三尺；「劈里啪啦作響」是蒸菜特有的「音樂」，比如炮蒸的鱔魚在出籠時會佐以蔥花、蒜泥、胡椒，再澆少許滾燙的熱油，上桌時盤中吱吱作響的聲音就像在宣告這道菜的美味，出菜時的聲響就像放炮時的劈啪聲，這也是「炮蒸」之名的由來。食用蒸菜時，揭開扣碗或蒸籠蓋，不管是視覺、味覺或是聽覺，都是一種享受。如今的天門蒸菜發展成可「九珍羅列、水陸雜陳、葷素咸宜、技術融和、交互輝映、互相滲透」的「天門九蒸」，即粉蒸、清蒸、炮蒸、扣蒸、包蒸、釀蒸、花樣造型蒸、封蒸、乾蒸。「天門九蒸」使天門蒸菜在內涵和外延上都有了創新，天門也因此成為名副其實的中國蒸菜之鄉。每年的「蒸菜美食文化節」是天門市的一項重大節慶活動。二〇一四年，央視紀錄片《舌尖上的中國》還專門對天門蒸菜進行了詳細介紹。

湖北天門一帶的家宴中必不可少的傳統名菜，當屬天門滑魚。由於做法簡單，這道菜不僅在天門很普及，

天門滑魚

而且就連江漢平原一帶以及武漢的大小餐館和許多市民的家裡也會做。其烹飪過程十分簡單：草魚切片備用，焯水的豆芽臥在碗底。鍋內加水，放薑末、醋、料酒、調好的水澱粉，燒開

筆架魚肚

後把魚片放進去，攪一攪，湯燒開之後，關火。把滑魚的汁水澆在豆芽上，魚盛在碗裡，撒上蔥花即可。

筆架魚肚是用傳統工藝製作的石首特色美食，其原料是石首的鮰魚肚。鮰魚的肉質非常嫩，味道很好。二〇一一年十月二十六日，「筆架魚肚」在國家工商行政管理總局被註冊為國家地理標誌證明商標。用雞汁烹飪的筆架魚肚，味道最為鮮美，具體做法是把老母雞清燉三十分鐘後，將魚肚放在加有一小勺食用鹼的冷水中浸泡，五分鐘後用雙手重複夾洗魚肚，然後用清水漂洗，之後放在白醋中浸泡五分鐘，再用清水漂洗，最後撈出來擠乾水分切片裝盤備用。烹飪時先把雞湯倒進乾淨的鍋裡，燒開後適量濾出油脂，把備用的魚肚切片放進去加入調料燒煮，煮熟即可。

鄂黃名菜

黃州菜，以鄂州、黃石、黃州為代表，為鄂東南地方風味，寬油、火

候足是其顯著特色，紅燒最佳，口味比較重，鄉土氣息十分濃厚。其代表菜有「黃州東坡肉」「金銀蛋餃」「糍粑魚」「元寶肉」「三鮮千張卷」「豆腐盒」「虎皮蹄膀」等。

黃州東坡肉，相傳最早為蘇軾首創，宋代以來一直都特別受歡迎，是鄂東地區筵席飲宴中不可缺少的菜品。北宋元豐二年十二月（1080 年），蘇軾因「烏台詩案」被貶至黃州任協團練副使。第二年的冬天，蘇軾在黃州東坡居住，在荒地樹林裡蓋了一間房壁上繪有雪景的草房，稱「東坡雪堂」，自號「東坡居士」。這裡清幽寧靜，蘇軾既可以與人賦詩下棋，也有閒暇研究烹飪技術，並親自下廚為好友做菜。「黃州好豬肉，價賤如糞土。富者不肯吃，貧者不解煮。慢著火，少著水，火候足時它自美。」相傳這就是他自創的《煮肉歌》。因為他烹製的豬肉味道極好，人們都來學藝，「東坡肉」就這樣誕生了。後來，「東坡肉」也因為蘇軾的謫遷廣為流傳。今天，在湖北、杭州、四川，「東坡肉」都是一道名菜。

黃州東坡肉｜張春明攝

金銀蛋餃是把雞蛋的蛋黃、蛋白分開，打散後用小鐵勺在火上加熱，倒一點油抹開，再倒入蛋液，慢慢轉一下，製成圓形的蛋清餅和蛋黃餅，在餅裡包上肉餡，對折就是蛋餃。上火蒸十分鐘即熟。這道菜色調協調，蛋白餃鮮嫩爽口，蛋黃餃鬆軟清香，都是味道極佳的美食。

糍粑魚

　　提起最具濃厚湖北鄉土氣息的地方風味名菜，首推「糍粑魚」。做糍粑魚最好選用鯉魚、青魚、草魚。去頭之後，切成小塊，放在大碗裡，加入鹽、薑、乾辣椒、花椒、料酒和醋，拌勻後醃製兩天以上；把醃好的魚塊拿出來，再把醃料和魚分開，為了瀝乾魚塊表面的水分，要把魚塊在通風的地方晾半天；風乾後下鍋，油要少放，用小火把魚兩面都煎成金黃色，然後盛起來放在旁邊備用；再把醃魚的料水倒入鍋裡，加少許醋、醬油和水，燒開煮出香味；將魚回鍋略燒兩分鐘左右，而後大火收汁起鍋。「糍粑魚」口味鹹辣、外酥裡嫩、香氣撲鼻，有「聞則臭、吃則香」之說。佐飯能增量，佐酒可轉換口味，在鄂東南地區，人們食用「糍粑魚」已是一種嗜好。

　　「元寶肉」主要食材是雞蛋和五花肉，其中的元寶指雞蛋，肉指的是紅燒肉，雞蛋和肉的搭配可以達到更好的口感。製作的時候一般先煮好

熟蛋備用，再將五花肉切成更易入味的小塊，然後把肉塊倒進熱油中翻炒，等表面有層焦皮時，加白糖炒出糖色，再放蔥、薑、大料、醬油、料酒炒均勻，盛起來之後放在有溫開水和煮好的雞蛋的砂

元寶肉

鍋中，燉三十分鐘左右就可以加鹽起鍋了。通常烹製時間的長短決定了味道的濃郁程度。「元寶肉」有「三美」，即名稱美、菜色美、造型美。湖北人過年時，在農曆臘月三十晚上吃團年飯的家宴上，這個菜非常受歡迎，它也寓意著在新的一年裡財源茂盛、富貴吉祥、萬事如意。

三鮮千張卷是黃石市拒江亭餐廳名菜。千張皮也叫「豆腐皮」，它的皮和紙一樣薄，隔著都可以看見人影，韌性比較大，捏揉也不會破碎。把豬肉剁成茸，把去蒂的香菇、去殼和老根的冬筍和鮮蝦仁全部洗淨切末。然後把肉茸、香菇、冬筍、蝦仁放在一個碗裡，加精鹽、味精少許、黃酒、蛋清上漿拌勻做餡。再把熱水泡軟的千張皮洗淨瀝乾，切成三角塊。然後一一攤開，各放入餡心捲成皮卷，並把它們整齊地碼在裡面抹過一層豬油的大碗內，倒入二百毫升的雞湯，加精鹽、味精少許，放在蒸籠裡用旺火蒸十五分鐘後，拿出來潷出湯汁翻扣在盤中。在炒鍋裡待熟豬油燒熱後，倒入薑末煸出香味，將潷出的湯汁倒入鍋內燒沸，加濕澱粉勾成流水芡，淋入雞油，澆在千張捲上，最後撒上白胡椒粉和蔥花即可。

虎皮蹄髈是湖北菜中富有特色的菜式之一。把豬蹄髈（豬肘）烙皮，刮毛洗淨，用沸水焯水後瀝乾，再在砂罐中倒入老滷湯燒開，等到蹄髈燜到八分熟的時撈起瀝乾。接著在炒鍋裡倒入花生油，用大火燒至八成熱時，把蹄髈放在裡面走油，等到皮上出現小氣泡、表面起酥時撈出，最後將蹄髈肉的一面劃花刀，皮朝下放入碗中，加蔥結、白糖、薑塊、味精、老滷，放在蒸籠裡以旺火蒸，等到皮肉酥爛、湯汁濃稠時，把蔥結、薑塊挑出來，將蹄髈反過來放在盤中，將汁淋在蹄髈上，撒上蔥花、胡椒粉就可以食用了。

湖北喜慶酒筵上的全雞、全鴨、全魚、全蹄髈四全大菜中，「虎皮蹄髈」占據一席。「四全」，「四」寓意是四季發財，「全」指圓圓滿滿。這四道菜都非常受歡迎，楚鄉人們辦酒筵待客，這四個菜一個都不能少，不然客人會覺得十分掃興。

襄鄖名菜

襄鄖菜，是湖北的北味菜，在襄陽、十堰一帶流傳，豬、牛、羊肉是這個菜系的主要食材，也有用淡水魚鮮。襄鄖菜系味道鮮美，多為紅扒、紅燒、生炸、回鍋，其中武當猴頭、大和雞、三鑲盤、鄖陽三合湯等是這個菜系的代表。

武當猴頭，是湖北十堰當地特色菜餚，也是湖北菜的代表菜之一。武當山特產嬌嫩潔白的猴頭蘑是這道菜的主打食材。猴頭蘑是一種藥用真菌，是滋補佳品。「蒸」是這道菜最傳統的做法，先用濃湯煨製猴頭蘑，然後把魚膠抹在猴頭蘑上，最後把髮菜切碎抹在魚膠猴頭蘑上做成太極

形狀，再上蒸籠熱蒸三分鐘後取出，碼放盤邊，清湯、雞汁、澱粉打芡淋在上面，中間放上雕刻的猴臉即大功告成。

郧陽三合湯，創於同治年間的郧縣，已經流傳一百多年了。三合湯中，要加入當地農戶加工的紅薯粉、牛肉片，碗中還要有幾個小餃子，才稱得上是一碗正宗的三合湯。其製作十分簡單，先將紅薯粉擱竹笊籬內放進沸水中反覆燙個三五次，倒入大碗內，再盛上七個牛肉水餃，抓一疊薄薄的牛肉片放在粉上，舀兩勺滾燙的湯汁（湯汁由牛蹄骨熬成）澆在上面。最後，再撒上味精、胡椒粉、芫荽末、蔥花、蒜末等即成。

三鑲盤，是湖北襄陽一帶的漢族傳統名菜，豬肝、豬排骨、豬腦是其主要食材，融合了炸紫芥、炸排骨、炸腦泡三菜的製作工藝，一個菜有三種顏色和三種味道，因此得名。

湖北十大名菜

二〇一四年，《楚天都市報》曾評選出湖北十大名菜，具體包括：豔陽天酒樓的紅燒武昌魚、湖錦酒樓的辣得跳、小藍鯨酒樓的黃陂三合、盛秦風酒樓的楚風青魚塊、楚灶王酒樓的紅珊瑚鱖魚、楚天粵海酒店的清燉肥魚獅子頭、漢江人家酒樓的孫氏紅燒野生甲魚、豔陽天旺角酒樓的特色砂缽魚頭、文廚藝術餐廳的筆架魚肚、國創楚源會所的飄香過水魚等。

不過，除了媒體的評選外，具有濃郁荊楚特色，享譽全國的湖北菜綜合起來，排名靠前的有：

武昌魚

武昌魚，原產於鄂州梁子湖，古代鄂州稱「武昌」，因而得名。武昌魚頭小體長，菱形的身子扁平，背部肉厚，脂肪較少，肉質較好，湯汁清香，營養價值高，是淡水魚中的佳品。一九五七

清蒸武昌魚

年，毛澤東主席的《水調歌頭·游泳》發表，其中一句「才飲長沙水，又食武昌魚」，讓人們對武昌魚有了極大的興趣。後來，武昌魚的烹飪技術也隨著時代的發展不斷改進和提高，以前只有蒸、煮、炙三種傳統的做法，現在有了清蒸、油燜、網衣、滑溜等多種做法。武昌大中華酒樓的清蒸武昌魚十分美味，該店筵席主菜就是這道菜。因其口感滑嫩，清香鮮美，也讓這道菜在世界上享有盛名。

它的具體做法是把收拾乾淨的魚兩面劃上蘭草花刀，在開水裡燙一下裝入蒸籠，把冬菇片、熟火腿片、冬筍片等按照一定的順序擺放，撒上豬肥膘丁、青豆、蔥結、薑片、精鹽、紹酒、清湯，上屜蒸約十分鐘取出，挑出蔥薑，將魚湯潷在勺內燒開，打淨浮沫，加上味精、雞油、胡椒粉，澆在魚身上即可。

排骨藕湯

排骨藕湯是湖北人接待貴客的必備菜品之一。它是用湖北本地所產的

藕和肉骨頭，文火煨到肉爛骨脫。藕塊吃起來口感粉糯，再加上香濃清甜的湯汁，藕香與肉香完美地融為一體！這道菜味道好，營養豐富，開胃補血，能補氣補鈣。

具體做法是把剁好後的排骨用開水焯一下，撈出控乾。再用油熗鍋，把排骨倒入鍋中炒一下，然後放入瓦罐中，加適量溫水，水開後加鹽。藕要選擇老藕，削皮去節洗淨，切成不規則的菱形，加少許鹽生拌，等排骨到六成熟後，把藕倒進罐內，攪一攪再接著煮沸，依據個人口味加鹽，等到肉爛藕粉，盛入湯缽，再撒些蔥花、胡椒粉就可以食用了。其特色是肉藕香爛，湯汁鮮美。

排骨藕湯｜鄒志平攝

東坡肉

東坡肉是湖北傳統名菜，相傳為北宋文學家蘇軾（號東坡）謫居黃州時所創，其特點是湯肉交融，肉質酥爛如豆腐，吃起來肥而不膩，別有風味。後人為了紀念這位大詩人，遂取名為「東坡肉」，並加上冬筍和菠菜兩種食材，寓意「東坡」，一直流傳至今，如今在黃岡地區，每家每戶宴請賓客，這道菜都必不可少。

沔陽三蒸

沔陽三蒸，鮮嫩軟糯、原汁原味、清淡綿軟，在湖北美食和中國名菜

系中的地位很高，也是沔陽人民最喜歡吃的食物之一。當地「無菜不蒸」的說法就證明了沔陽蒸菜之鄉的美稱不是浪得虛名的。

沔陽三蒸

眾所周知，「清蒸菜最能保證營養不受損失」，「吃要吃得科學」的提法為「沔陽三蒸」帶來了新的發展機遇。所謂三蒸，包括蒸畜禽、蒸水產、蒸蔬菜（青菜可以隨意搭配，有莧菜、芋頭、豆角、南瓜、蘿蔔、茼蒿、藕等數十種），講究葷素搭配，營養均衡；搗細的米粉是粉蒸菜不可或缺的食材，菜香味融合大米的清香，非常好吃。蒸法中的「三」是一個概數，包括粉蒸、清蒸、炮蒸、湯蒸、扣蒸、釀蒸、包蒸、封蒸、花樣造型蒸、旱蒸等各種蒸法。「沔陽三蒸及其蒸菜技藝」在二○一○年被湖北省政府列入省級非物質文化遺產名錄。

紅菜薹炒臘肉

紅菜薹外觀為紫紅色，莖稈肥壯，以口感脆嫩著稱，春節前後上市。武昌洪山所產的質量最為上乘，在古代屬於貢品。紅菜薹通常是用來單獨素炒，味道鮮美，如果再加上臘肉片、薑末，用芝麻油爆炒，更易炒出香味，

紅菜薹炒臘肉　蘇忠高攝

是湖北名菜之一。

菜心抽出來的薹是紅菜薹的食用部分，用手折寸許的薹後洗淨瀝乾備用。把臘肉切成一寸長的薄片。炒鍋微熱的時候滴入少許麻油，下薑末稍煸，放臘肉煸炒一分鐘後用漏勺撈出。炒鍋內留點油，用大火燒到七成熱就可以放菜薹，煸炒二分鐘，放鹽和臘肉片再合炒一分鐘，撒雞精，顛勺，瀝乾油，裝盤即可。

油燜大蝦

潛江油燜大蝦，最早起源於湖北潛江五七鎮，這裡的油燜大蝦味道堪稱一絕，在整個江漢平原都非常有名，來這裡吃蝦的食客絡繹不絕。每年五至九月是潛江油燜大蝦生意的高峰期。六月中旬，潛江都會舉辦規模盛大的龍蝦節，周邊地區的食客紛至沓來，占有地利優勢的本地人在餐館吃完後，還常常會打包帶走。

油燜大蝦

其製作步驟是：鍋上火，燒熱，入油，至八分熱，加生薑、蒜頭、辣椒、花椒，炒出香味。因為用油量比較大，故叫「油燜」，烹製三斤蝦需要約半斤油。蝦入鍋後用大火翻炒，再加白醋和料酒，然後用老抽醬油少許著色，放胡椒粉適量翻炒。等到蝦稍微變色後，加入備好的香料，繼續翻炒至香料與蝦炒勻，然後再加入適量的白糖和濃縮雞湯料、啤酒，將蝦淹沒，開小火，蓋上鍋蓋，燜十五分鐘左右，每隔五分鐘需要翻一次鍋，使其能均勻入味。等到湯汁快收乾時，揭開鍋蓋，繼續翻炒直到湯汁完全收乾，最後撒上蔥白或香菜即可。

三峽肥魚

長江肥魚是長江四大名魚之一，又稱「鮰魚」或「江團」，是典型的長江洄游性魚類。肥魚肉質細嫩，魚鰾不同於其他的淡水魚類，特別肥厚。這是為什麼呢？因為肥魚繁殖需要逆三峽激流而上，急流刺激肥魚將脂肪轉化為性腺，促使其抵達三峽虎牙灘一帶，在那裡排卵受精。衝擊三峽急流完成繁殖後代的任務需要強壯的體質，所以在宜昌南津關集結的長江肥魚個個都膘肥體胖，便得「肥魚」之名。正宗的三峽生態肥魚的體態特徵是背部青灰色、鰭部黑灰色、肚皮白色，俗稱「琥珀背，白肚皮」。這種魚只見於大江大河的激流亂石之中，湖泊中極難見，溪流或堰塘中更不會有，生存水域一般都至少在十米以上深度。鮰魚一般體

宜昌長江肥魚

重為一五〇〇至二五〇〇克，少數個體可達十千克。春冬兩季，長江江口鮰魚體壯膘肥、肉質鮮嫩，是食用的最佳時節。蘇東坡曾寫詩贊它曰：「粉紅石首仍無骨，雪白河豚不藥人。」詩中道出了鮰魚的特別之處：肉質白嫩，魚皮肥美，兼有河豚、鯽魚之鮮美，而無河豚之毒素和鯽魚之刺多。

三峽肥魚湯的做法很簡單，就是燉白湯，只需將肥魚收拾乾淨後，用清水燉製，無須添加牛奶或煉乳，便能燉成如牛奶一樣的白湯。起鍋食用時，撒上蔥花即可。

荊楚魚圓

荊楚大地處處都有製作魚圓子的飲食習俗，除武漢湯遜湖魚圓之外，咸寧嘉魚簰洲灣魚圓也是一絕。嘉魚地處長江邊，且內湖眾多，水源豐富，以盛產鮮魚著稱。嘉魚魚圓色澤潔白、口感細膩、鮮香滑嫩，深受遊客喜愛。嘉魚魚圓起源於簰洲灣，萬里長江向東流，而到了嘉魚縣簰洲灣卻轉折西流，故這裡的魚格外鮮活，魚圓也就與眾不同。這裡的魚圓製作十分考究：先將魚肉剔掉刺後切塊，薑切片，小蔥白切段，一起放入攪拌機，加入蛋清、少許味精、白胡椒粉和水，由慢速增加到快速，攪拌成為細滑的魚泥。將攪拌好的魚泥倒入盆中，加鹽，用手攪拌上勁。稍上勁後加入豬油，繼續攪拌，直至魚泥有勁有彈性。鍋中盛涼水，不點火。將魚泥用手擠成魚圓後用勺子刮入水中。擠魚圓的手勢是左手大拇指從彎曲的食指表面劃過，將魚圓從食指與手掌圍成的圓洞中擠出。魚圓都擠完後點火開煮，水快煮沸時轉小火，在煮沸之前關火。食用時，可以蒸熟加熱，然後蘸上醋食用，也可以下在火鍋裡吃。

荊州甲魚

荊州甲魚多以紅燒為主，食用時放入火鍋中，加千張等配料，邊吃邊煮，味道鮮美。烹製時，先將甲魚宰殺洗淨剁成三釐米見方的塊，千張切絲入沸水煮半分鐘後放入火鍋中打底。將甲魚入沸水中也煮一分鐘，撈出後入六成熱的油中過油二分鐘備用。砂鍋中放入豬油燒至六成熱，下入薑片、紅油醬、豆瓣醬，大火炒出香味，再下入甲魚烹入料酒，加入清湯、黑胡椒粉等調料，大火燒開後用小火煨十五分鐘，放入味精、白糖起鍋，然後投入火鍋，帶火上桌，邊吃邊煮。

恩施臘豬蹄

恩施土家族，源起湘鄂川黔毗連之武陵山脈，這裡奇山透迤，風情萬物，是湖北旅遊版圖上新興的旅遊目的地。就在這靈秀之地，有一道聞名在外的美食——臘豬蹄。

每年農曆十一月，在冬至前後，恩施鄉村各地開始殺年豬，殺了年豬留下豬蹄，先用鹽巴醃製一至兩天，然後吊在廚房或者烤火房的房樑上，做飯、烤火時，通過煙火自然燻製。大約經過一個月的時間後，豬蹄肉變得緊實、乾爽，臘豬蹄就燻好了。經過風乾醃製的臘蹄子，浸染了鹽巴和時光的味道，色澤油亮，香氣醇厚悠長。

臘豬蹄可以搭配多種食材烹製，但主要還是做成火鍋，當地人叫「煨個鍋兒」。製作臘豬蹄火鍋時，先把豬蹄子放在水裡浸泡一段時間，刮掉外面的黑殼，用水洗乾淨，這時豬蹄子色澤變得金黃。把豬蹄子剁成小塊入鍋，用文火慢慢燉，可以根據不同的口味放入各種調料，但生薑、

恩施臘豬蹄｜余勤攝

大蒜是不可少的。清燉豬蹄，最多放一點薑片即可。也可以在湯裡放入
各類蔬菜，如白菜葉子、茼蒿、土豆片、香菜、豆腐等。

　　臘豬蹄源自恩施地區，但如今在宜昌、神農架等鄂西地區都可以吃到
這種美食。冬季到鄂西旅遊時，來一鍋臘豬蹄，美味又溫暖，令人流連
難忘。

第三節・特色佳餚

　　除了正宗的楚菜，湖北人對於各自家鄉的地道美食同樣偏愛有加，這些由普通食材所烹調而來的民間美味，相比較楚菜名品，往往顯得更樸實、更家常、更草根，更有地方特色、地域特點，卻也有著更貼近生活的味道和最讓人難以忘懷的家鄉記憶。

　　食材是決定食物是否美味的根本。湖北有山有水，物產豐富，水產、家禽、山珍是湖北菜中最主要的食材來源。此外湖北各地還有名優特產，一首湖北民歌對其做出了很好的概括：「蘿蔔豆腐數黃州，樊口鯿魷鄂城酒。咸寧桂花蒲芹菜，羅田板栗巴河藕。野鴨蓮菱出洪湖，武當猴頭神農菇。房縣木耳恩施筍，宜昌柑橘香溪魚。」以上許多食材雖全國其他地方也有出產，但其烹飪技法並不相同，這也造就了湖北獨具特色的珍饈佳餚。

　　二〇一五年，由湖北省旅遊局主辦的「湖北味道」荊楚特產評選共選出四十八種食材，包括（排名不分先後）：泡泡青（隨州）、白花菜（孝感應城、孝感安陸、荊門京山）、筍（赤壁箬筍、長陽清江雷筍、神農架野山筍）、香椿（孝感大悟、宜昌五峰）、節節根（又名「魚腥草」，宜昌）、蕨菜（神農架）、蓴菜（恩施利川）、菜薹（武漢洪山）、魔芋（恩施建始）、牛肉（荊州公安、武漢蔡甸）、黃酒（襄陽、十堰房縣）、魚丸（咸寧嘉魚、荊州洪湖、鄂州梁子湖）、豆豉（十堰鄖西）、百花蜜（神農架）、葛根（荊門鐘祥、十堰）、魚麵（黃岡黃梅、黃岡紅安、武漢新洲區、孝感雲夢）、鳳頭薑（恩施來鳳）、木耳（神農架椴木木耳、十堰房縣黑木耳）、花生（黃岡紅安）、板栗（黃岡羅田、神農架）、小花菇（十堰房縣）、蓮子（漢川汈汊湖、咸寧嘉魚、洪湖）、藕帶（咸寧嘉魚、荊州洪湖、仙桃）、藕（武漢蔡甸區、咸寧嘉魚、荊州洪湖）、小龍蝦（襄陽宜城、潛江）、螃蟹（武漢漢川汈汊湖、荊州洪湖、武漢江夏梁子湖）、鴨（荊州洪湖、仙桃）、雞（鄖陽烏雞、武當太和雞）、山羊

（黃岡麻城黑山羊、十堰鄖西馬頭山羊）、長江肥魚（宜昌秭歸）、春魚（咸寧赤壁新溪）、鱔魚（仙桃、天門）、鱅魚（蔡甸沉湖）、鯿魚（又名武昌魚，鄂州）、鮰魚（石首長江鮰魚）、鱤魚（丹江口）、鱖魚（十堰張灣、咸寧赤壁）、翹嘴（丹江口）、黑魚（武漢蔡甸區、荊州）、鰍魚（天門）、清江銀魚（宜昌長陽）、野泥蒿（孝感應城）、芸豆（恩施利川）、千張皮（宜昌當陽）、大蒜（宜昌當陽）、豬（神農架大九湖）、黃骨魚（武漢新洲區）、山藥（麻城上夾洲、武穴佛手山藥）。

水中的美食

身為著名的「千湖之省」，湖北境內渠港交織、水網密布，各色的江鮮、湖鮮，一年四季源源不斷，充盈著老百姓家的餐桌，滋養著一代又一代的荊楚兒女。

蓮藕便是這水鄉澤國的一大特產，其富含澱粉、蛋白質、維生素等成分，被譽為「水中之寶」。湖北人吃藕，是從年頭吃到年尾的，老藕、嫩藕、藕帶、蓮米……煨著吃、燒著吃，炒著吃、拌著吃，湖北人家的孩子對於自家餐桌上經年累月「換湯不換藥」的各式藕菜的出現，早已習以為常。有藕的地方就會有菱角，菱角也是千湖之省的特產，堪稱荷塘又一寶。菱是一年生草本水生植物，又稱「水中落花生」，果實即「菱角」為堅果，可生吃可熟食，生吃或炒食適宜選擇嫩菱，質地鮮爽，脆甜無渣，清香四溢。

只要去吃湖北菜，不管餐廳大小，蓮藕都是必點的一道菜。湖北的荊州、洪湖、武漢蔡甸、咸寧嘉魚等地區的蓮藕據說最為味美，而吃藕最佳時節是在中秋節後。對於湖北人來說，排骨藕湯代表的就是家的味

道。用蓮藕、排骨燉出一鍋濃湯，味道濃郁醇厚，清香四溢，且各家由於熬煮的方式不同，味道也各不相同，由此形成了各家各戶出門在外的遊子常掛心頭的味覺記憶。如今即使各地也都能吃到這道菜了，可若用的不是湖北好藕，那味道可就差了不是一星半點！關於藕的選擇也很有講究：一是藕要選口味比較面的，吃起來才酥軟綿甜；二是不要用藕尖藕梢，藕尖太嫩，藕梢有水腥味。

排骨藕湯

生活在洪湖邊的湖北人，將新鮮蓮子、蓮藕、菱角一同燴製，成就了一道經典湖鮮美食——荷塘三寶。此外這裡還有油炸荷花、荷尖斬蛋等就地取材的創新菜品，都是夏日應季美食。

宜昌的傳統名貴湯菜「雞泥桃花魚」，是用桃花魚、雞脯肉、魚肉等為主要原料製成的。當它端上桌子，就如同一朵清新豔麗的桃花在開放，不獨在視覺上惹人喜愛，而且湯味清鮮、口感鮮

荷塘三寶

嫩軟溶、營養豐富，是難得的湯中上品。桃花魚是這道湯菜的精華所在，但桃花魚並不是魚，它是一種透明的藻類。桃花魚生長於宜昌夷陵峽口和香溪河裡，它與桃花共生死，在桃花盛開的時節，它也出現在蕩

漾的碧波中，酷似一瓣瓣桃花在清波里起伏，與香溪河兩岸如同丹霞般的桃花交相輝映，使人難辨真偽。桃花凋謝後，桃花魚也就無影無蹤，回歸到神祕的大自然中去了。當地人傳說這美麗的桃花魚，乃是昭君離開家鄉時，淚水滴在桃花上變成的。

而處於雲貴高原東北延伸部分的利川市，這裡的人們有幸能嘗到另一份珍貴的水生植物——蓴菜。《本草綱目》上說，蓴，又叫「馬蹄草」，也叫「水葵」，生長在南方河澤中，葉形似馬蹄，浮在水上，其莖紫色，柔軟光滑可作羹。蓴菜世界稀少，中國產地也不多，過去無錫太湖、杭州西湖是有的，但現在已很少見到，湖北利川成了主產區。蓴菜的生長

蓴菜採摘｜陳小林攝

對水質的要求特別高，只有純天然無污染水域條件，才能見到它的身影。採摘蓴菜的多是年輕婦女和土家族少女，她們腳穿過膝膠靴，頭戴斗笠，手腳麻利地從水下將一棵棵細嫩柔滑的蓴菜摘下來，丟進浮在水面上的小圓木盆裡去，工作很是細緻專注。人們食用到的蓴菜，就是她們這樣一棵一棵從水裡撈摘起來的。蓴菜可煮、炒、涼拌食用，也與魚、肉、雞等配製成湯，味道滑嫩鮮美，被營養學家譽為「二十一世紀的生態蔬菜」。

除了大量的水生植物，湖北的江流湖泊還盛產魚蝦蟹鱉，宜昌的長江鮰魚、丹江口的翹嘴鮊、潛江的小龍蝦、監利的黃鱔都是這其中的代表。

丹江口翹嘴鮊，體型較大，體細長，側扁，呈柳葉形。頭背面平直，頭後背部隆起。口上位，下頜堅厚急遽上翹，豎於口前，使口裂垂直。眼大而圓。鱗小。翹嘴鮊屬中、上層大型淡水經濟魚類，行動迅猛，善於跳躍，性情暴躁，容易受驚。二〇〇八年十二月，國家質檢總局批准對丹江口翹嘴鮊實施地理標誌產品保護。據悉，「丹江口翹嘴鮊」地理標誌產品認證是中國受理活體魚類第一家。丹江口翹嘴鮊肉白而細嫩，味美而不腥，被視為上等經濟魚類，其製作方法以紅燒、清蒸為主。

在江漢平原最早大規模養殖小龍蝦的地方，是潛江市。十多年來，潛江龍蝦養殖業蓬勃發展，成就輝煌，實現了由龍蝦養殖、龍蝦產業到龍蝦文化的嬗變。潛江龍蝦文化主要包括以「潛江油燜大蝦」為特色的美食文化，以小龍蝦養殖、加工為支撐的產業文化，以蝦為媒的節會文化。經過幾年的精心策劃、打造和提升，「潛江龍蝦節」已經成為一個集美食盛宴、文化盛典、經貿盛會於一體的旅遊文化品牌。小龍蝦現在已

風靡全國，其做法也多種多樣，除油燜外，還可以清蒸，口味有紅燒、蒜蓉、芥末等。

監利黃鱔是湖北省荊州市監利縣的特產。黃鱔營養價值很高，中國民間流傳著「冬吃一枝參，夏吃一條鱔」的說法。監利黃鱔因其品質而獲得國家地理標誌證明商標。其烹飪方法有爆炒、紅燒、清燉、水煮等。此外，

盤鱔

小鱔魚還可以用來燒製「盤鱔」。方法是選用一釐米粗小鱔魚淡鹽水餵養二小時左右，讓鱔魚吐去腹中污物。洗乾淨鱔魚後，用袋子裝好入冰箱冷凍三十分鐘，讓鱔魚進入冬眠狀態。鍋內放油，加生薑、大蒜、豆瓣醬炒香，加入冬眠的黃鱔，蓋上鍋蓋，倒入料酒、野山椒不斷翻炒，翻炒時看到黃鱔一條條盤起來即可出鍋。

山野的餽贈

美味藏於山野。許多奇異豐盛的美食隱匿在山野之間，總是讓人充滿著想像與憧憬。吃慣了城市味道的湖北人多愛在閒暇時間舉家前往就近的山野農家，去體驗種養和採摘的快樂，也去尋找那些更接近自然的山野味道。

大自然總是毫不吝嗇地賜予人類各種奇珍食材。武當猴頭、羅田板

栗、房縣木耳、恩施筍等都透著一股濃濃的山野和綠色氣息。以上提到的都是一些名氣較大的土特產品，其實對於湖北的廣大山區來說，類似的還未被世人挖掘的山野產品還非常多。拿大別山區來說，每到春雨紛飛的季節，山上的松樹底下就會生長一種近似於粉紅色的蘑菇，俗稱「松樹菇」，還有一種紫色的菇，這些蘑菇味道異常鮮美，烹飪時不用任何調味品，即香氣撲鼻。下雨天時，地上還有一種黑色的小木耳樣的野菜，俗稱「地前皮」，味道也十分可口。春暖花開時，山上的各種山野菜也紛紛長成，當地的山民便紛紛採摘各類野菜，其中最主要的是白花菜、威菜和野荊芥。這類野生蔬菜不但味道好、綠色、無公害，而且還有降血脂、降血壓、降膽固醇的功效，是一種時尚的健康食品。湖北全省有三山六水一分田，類似大別山這樣的山區還有多個，各地尚未被發現的獨特山野產品更多。

房縣小花菇是香菇中的上品，素有「山珍」之稱，它以朵大、菇厚、含水量低、保存期長而享譽海內外。花菇生產保持天然純淨特色，以其味香質純、冰肌玉潔而飲譽菇壇，又因其外形美觀清爽可口而成為席上佳珍。《舌尖上的中國》也曾專門介紹過房縣小花菇，令其知名度再一次提升。

房縣小花菇

隨州泡泡青，又名「皺葉黑白菜」，是隨州古老的地方蔬菜栽培品

種。受氣候和土壤等多種因素影響，長期以來只有在隨州城區周圍十餘個鄉鎮種植，其葉片具有營養豐富、葉色濃綠、葉片肥厚、柔軟滑嫩、清爽可口的特點，有非常獨特的風味。其種子在隨州以外種植雖能正常發芽、生長、開花、結實，但品質降低，風味喪失。由於泡泡青的葉面上鼓著密密的泡泡，故稱其為「泡泡青」。

禽畜的美味

湖北省飼養畜禽歷史悠久，畜禽遺傳資源豐富，全省有地方畜禽品種類群二十九個，其中清平豬、通城豬、監利豬、雙蓮雞、馬頭山羊、恩施麻鴨、棗北黃牛等都是極具地方特色的禽畜品種。除了家養的禽畜外，湖北省因為位於長江中游，處於地勢第二級階梯與第三級階梯的交會地帶，高原丘陵與平原沃野都廣泛存在，豐富的山川林地資源也孕育了富有特色的山珍野味，山豬、野雉等都是不可多得的美味食材。不論是野生或者飼養的禽畜，經由各地獨特的烹製與加工，那些看似平凡的美食都會被調製出特別的湖北味道，貼上屬於湖北人自己的味覺標籤。

大別山吊鍋是山裡人在山高林密、交通不便、物質匱乏的特殊年代發明的獨特餐飲方式，至少有一千多年的歷史。在漫長的冬季，山民們一邊在火塘邊取暖，一邊在桁條上懸一個可以上下升降的木質滑桿，下吊一鐵鍋。吃飯時，將燒熟的主打菜雞、羊、牛、狗、野豬肉，及墊鍋菜將軍菜、金針菜、野竹筍、薇菜、珍珠菜等分別倒進鍋內，旁邊再配上橡豆腐、紅豆腐、泡菜等，家人或來客圍坐火塘四周，烤火、吃菜、敘話、喝酒，左手拿碗，右手拿筷子、酒杯甚至還有旱煙袋。而今天，在麻城、羅田吃吊鍋已是四季皆宜，各具特色，別有滋味在心頭。

毛嘴滷雞是湖北省仙桃市漢族傳統名菜之一，其選料講究，要求必須是採用五穀雜糧餵養而成的土雞。在滷製過程中，再配以蜂蜜、杜仲、肉茴、枸杞、八角等十八種名貴中藥及天然香料，用百年循環滷汁加毛嘴特有的傳統工藝加工而成。毛嘴滷雞號稱荊楚一絕，因其肉質細嫩、油而不膩、香醇可口、品味綿長，在大江南北贏得美名美譽。

翰林雞是湖北省安陸市傳統名菜，屬太白菜餚之一，具有雞肉肥嫩、味道鮮醇的特點。翰林雞製作是用整雞醃製入味後，蒸至七成熟，然後去骨切塊，上盤整理成原雞形。另以蛋黃糕雕刻「翰林雞」

毛嘴滷雞

三字，置雞首前，並以雞湯、蘑菇入味和以若干小蝦球點綴，經復蒸烹製成。此肴得名，是取李白曾供翰林職之意。據有關史籍記載，李白平素喝酒佐食之物，最喜食雞、鴨、鵝、魚及蔬果菜餚，也吃牛、羊肉和野味，唯獨不食豬肉。友人素知詩人生活癖好，故常以雞、鴨、鵝等做菜佐酒助興。在眾多酒餚中，李白尤對「烹雞」最感興趣。曾作詩曰：「白酒新熟山中歸，黃雞啄黍秋正肥，呼童烹雞酌白酒，兒童嬉笑牽人衣。」由此流露出詩人功名即在眼前，興高采烈，志得意滿，而痛飲白酒、笑嘗烹雞的得意情景，不久李白便入京任翰林職。傳說「翰林雞」一菜，就是友人為欽佩詩人才華而精心製作的佐酒佳餚之一。因詩人李白一向喜食烹雞，故後人便呼之為「翰林雞」。

同樣是熬製雞湯，各地的做法又各不相同。咸寧的賀勝雞湯起步於一九八二年，歷經了賀勝美食街店主三十餘年的磨礪。它以當地農戶散養的土母雞為主料，配以適量的紅苕粉條，採用當地無污染的優質地下泉水和其他佐料，用適當的火候精心燉製而成。而在武漢市新洲區的汪集鎮，當地人煨出的風味獨特、湯鮮味美的「汪集雞湯」被譽為「楚天第一湯」。汪集雞湯的味道之所以特別，因為用的是汪集雞、汪集水，加上傳統的製作工藝和科學的配方佐料。汪集雞是當地的土雞，而汪集水取自十八米深井，帶有天然的甜味。

十大楚地特色菜

荊州魚糕

荊州傳統名菜，又名「荊州花糕」，源於戰國。相傳戰國時，楚都紀南城內有一家專門烹製鮮魚的酒店。一年夏天，店主購進許多鮮魚，客人少，剩魚多，眼看魚肉將腐，店主急

荊州魚糕

中生智，將其做成魚糕。食客嘗後覺得鮮嫩可口，回味無窮，皆交口稱讚。從此這家酒店便以經營魚糕聞名。此糕經後人不斷改進，在用料和製作上，取肥大鮮魚去刺、漂洗，加以適量的豬板油或肥肉，剁成肉泥，再加蛋清、生粉及生薑等調料，拌勻後入籠蒸熟，即可食用。若配

上肉丸、豬肚、豬腰、木耳、黃花裝碗更佳。魚糕現為荊州一帶筵席上的頭菜，民諺謂之「無糕不成席」。

鐘祥蟠龍菜

蟠龍菜是鐘祥市的傳統名菜。據傳，明代嘉靖皇帝赴京登基前，其老師特請名廚精心製作了一碗龍形菜為其餞行，喻意飛黃騰達。嘉靖食後讚不絕口，並命名為「蟠龍菜」，從而成為明代宮廷菜。此菜選豬精肉和鮮魚肉製成茸，加豬肥肉丁、雞蛋清、澱粉及調味品攪上勁，用雞蛋皮裹成長條狀，入籠蒸熟。切片裝成龍形，蒸十五分鐘即可上席。此菜製作精細，造型美觀，味道鮮美，並以「吃肉不見肉」著稱。

蟠龍菜｜伍峰攝

另外一個傳說則是這樣描述的。相傳嘉靖進京前，皇族早有明爭暗鬥。章太后迫於政勢，密詔頒給了三位親王，並說：「先到為君，後到為臣。」興王府離京最遠，為趕時間，幕客嚴嵩獻策，朱厚熜假扮欽犯上囚車，日夜兼程趕到京城。朱厚熜乃藩王世子，平日奢華，坐囚車容易，可途中進粗食就難。他於是命府中廚師做出一種吃魚肉卻不見魚肉的菜，若做不出，性命難保。有位叫詹多的廚師，心靈手巧，但也沒做出符合要求的菜。一天，詹妻見丈夫天時已晚還未回來，就帶了做熟的紅苕給夫吃。夫妻倆互相推讓，不小心弄破了紅苕皮。詹多靈機一動，悟出了配方！眾廚師齊心協力，就做出了吃魚肉而不見魚肉的食物，原來

是用魚、肉、蛋做出一「紅苕」狀食物，也有人稱之為「紅蘿蔔」。「紅苕」營養豐富卻不膩，美味可口。朱厚熜吃著「紅苕」進京做了皇帝。朱厚熜登基後，即為嘉靖帝。詹多奉命進京為皇帝做菜，他對「紅苕」加以改進，更名為「蟠龍菜」，即蟠龍所食之菜，嘉靖吃了新的「蟠龍菜」後，讚不絕口，命人記入宮中食譜。從此「蟠龍菜」便成了明宮佳餚。現在，它已成為過年時鐘祥每家每戶飯桌上都能見到的傳統特色菜。

潛江「二回頭」

「二回頭」是享譽湖北的著名菜餚，用潛江湖區特產黃鱔作主料烹製而成。它看上去像是冷的，吃進嘴卻熱乎乎的，入口化渣，餘味綿長。最早製作此菜的廚師劉某，見蒸熟的鱔魚走油後兩頭翹起，如馬鞍形，便根據這

潛江二回頭

捲翹狀，取名為「二回頭」。某秀才飽嘗美味之後，意猶味盡，便索來紙筆題詩一首：「妙哉二回頭，香嫩且滑口。游士喜嘗新，歸去再回頭。」詩人不僅讚美了佳餚奇特的外形，還表達了人們愛之深切，進而流連難忘的心情。相傳乾隆皇帝曾經到潛江，偶然吃過一次後，此後又兩次回頭去老地方吃該菜，這也是「二回頭」的另一種來歷。

荊門萬壽羹

又名「龜鶴延年湯」，是以龜肉
和雞肉合烹的湯菜，營養價值極高。
菜名吉祥，喜慶壽筵均宜。選用荊門
出產的斷板龜與母雞經過加工處理，
剁成三釐米見方塊，用豬油爆炒後，
倒入砂鍋或瓦罐，在旺火上煨至湯汁
乳白、肉質八成熟時，端鍋離火，待
涼後置於中火上煨至酥爛，調好味即
成。此菜特點為湯麵黃亮，湯汁乳
白，湯味甘鮮，食後口留餘香。

荊門萬壽羹

龜與鶴都是壽命較長的動物。《抱朴子·對俗》記載：「知龜鶴之遐
壽，故效其道引以增年。」在《遊仙詩》中也有「借問蜉蝣輩，寧知龜鶴
年」句。用龜、雞合烹製菜有悠久的歷史。早在戰國時代，楚國大宴上
就有以雞代鶴、龜雞合烹的佳餚。《楚辭·大招》有「鮮大龜甘雞和楚酪
只」記載。由於該菜營養豐富，又象徵吉祥長壽，故從古至今一直深受
人們喜愛。

宜昌乾燒銅魚

宜昌以上長江幹支流中盛產的銅魚與鯿魴齊名。魚身呈古銅色，身體
圓，頭小肉厚，肉質特別細嫩，味道異常鮮美。乾燒銅魚是將一斤多重
的銅魚配以肉丁、辣椒、蒜、薑、醬油、高湯、白糖等佐料製作，色澤
紅亮，紅油包汁，味香鮮嫩。

恩施張關合渣

合渣，又名「懶豆腐」。恩施土家族人對合渣有著深厚的感情，特別是在兵荒馬亂之年，由於糧食奇缺，合渣救下了不少人的性命，流傳有「辣椒當鹽，合渣過年」的民諺。如今，合渣已不是恩施人逢年過節才能吃的「奢侈品」了，平時在家裡都能吃上合渣，許多餐館更是把它當成一道特色菜上桌供應，深受顧客的青睞。

合渣的製作比較簡單，只是在開頭「推」的階段稍辛苦些，因此人們稱製作合渣為「推合渣」。其製作程序是：將黃豆洗淨用水泡脹後，連豆帶水在石磨上一轉一轉地磨成漿，架火煮開，然後放入切好的新鮮蘿蔔葉，再煮開，就製成了一鍋乳白帶綠的合渣。由此可見，「推合渣」比起製作豆腐要簡單得多，不用過濾，不用壓榨，一般也不用點滷，難怪土家族人又稱合渣為「懶豆腐」。合渣的營養搭配也很科學，黃豆中的蛋白質與蘿蔔葉中的維生素、無機鹽配在一起，達到了合理膳食的效果。

在恩施，合渣的吃法很多。有的吃得較稀，不加任何調料，稱為「淡合渣」，突出「喝」，有時還加洋芋一起煮食；有吃酸合渣的，是將合渣放置變酸再食，既解渴又消暑；有的還製作成合渣火鍋，張關合渣就是製作合渣火鍋的典型。

合渣

張關合渣是將合渣煮好後點滷變得稍乾，加鮮湯配豬肉、仔雞、雞蛋

等做成鮮肉合渣、仔雞合渣、雞蛋合渣等系列合渣火鍋。張關合渣因宣恩一小集鎮「張關」而得名，尤以鎮上一位黃姓老太婆製作的最有名、最為地道。張關合渣口味純正，營養豐富，人們戲稱其為「全價食料」。無論在城市還是在農村，無論是本地人還是中外遊客都對它讚不絕口。

大別山吊鍋

大別山吊鍋主要流行於麻城、羅田山區一帶，是山裡人在山高林密、交通不便、物質匱乏的特殊年代遺留下來的獨特餐飲方式，追溯它的歷史，最少也在一千多年以前。據傳大別山吊鍋最先起源於黃岡麻城的東山地區，後來流行於整個大別山地區。據傳，過去在漫長的冬季，山民們一邊在火塘邊取暖，一邊在桁條上懸一個可以上下升降的木質滑桿，下吊一鐵鍋。吃飯時，將燒熟的主打菜雞、羊、牛、狗、野豬肉，及墊鍋菜將軍菜、金針菜、野竹筍、薇菜、珍珠菜等分別倒進鍋內，旁邊再配上橡豆腐、紅豆腐、泡菜等，家人或來客圍坐火塘四周，烤火、吃

大別山吊鍋

菜、敍話、喝酒，左手拿碗，右手拿筷子和酒杯，甚至還有旱煙袋。現在在大別山地區吃吊鍋已是四季皆宜，各具特色，別有滋味在心頭。

咸寧賀勝雞湯

賀勝雞湯以當地農家土雞和無污染地下泉水小火燉制而成，湯清而味鮮醇厚，雞肉入口即化。湯中加入本地特有的茗粉條，一來爽口彈牙，二來粉條吸收湯中的油分，吃起來便不覺膩了，尤以旅寧、和平、正宗三酒店特製的「賀勝雞湯」最為有名。

賀勝雞湯

賀勝雞湯的製作方法：取一點二五千克土雞一隻宰殺、去毛、開膛、去內臟、洗淨。全雞放入高壓鍋中，加精鹽、料酒、薑片，添上清水少許，置於旺火之上高壓透氣後，再置於文火上，合上鍋蓋，閉氣清燉八十分鐘。冷卻後起鍋盛入湯盆內，再放入本地特製的茗粉上火，待其滾沸飄香、油湯泛黃後，調味即可食用。這樣製作出來的賀勝雞湯色黃、味醇、湯鮮、肉嫩，肥而不膩，爛而不散，營養價值極高，最適宜老人、兒童、孕婦和病後滋補，有壯陽、補血、利脾、健體之效。

十堰鄖陽瓦塊魚

瓦塊魚是十堰市鄖陽區最具特色的一道漢族名菜,因魚塊形似土瓦而得名。烹製時,將兩斤半左右的草魚去頭,魚身切大塊,青紅椒各一個切大丁,生薑切片,大蒜切小丁,乾尖椒剪好,小蔥切末。煎鍋內倒入適量的油,大火燒至油溫八成熱時,轉中火,將魚一塊塊下入鍋內煎製,至兩面都呈金黃色,再將魚夾到炒鍋內碼好。魚塊夾出以後,將煎鍋內剩下的油燒熱,下入生薑、大蒜、乾辣椒、青紅椒炒香,然後加入一湯勺豆瓣醬,一湯勺辣椒醬,二湯勺醋,兩勺鹽,和勻。將煎鍋中的佐料倒入炒鍋內的魚身上,加入適量的水,晃一下鍋,蓋上鍋蓋,用中火燜煮約十分鐘;至水分差不多收乾時,加入雞精,一小勺糖,以適量濕澱粉勾芡,就可以起鍋裝盤了,最後撒上蔥花就可以上桌食用。

房縣(神農架)小花菇

房縣小花菇是湖北十堰房縣的土特產。一九七〇年神農架自然保護區成立時,林區三分之二面積由房縣劃出,故神農架特產與房縣特產同源。二〇〇九年,房縣小花菇被原農業部認定為國家農產品地理標誌。

房縣小花菇的做法很簡單:小花菇先用水漲發開,五花肉切片,鍋中放油加大蔥、薑片、尖椒、肉煸炒,再加小花菇翻炒,入調料加高湯略

房縣小花菇｜蘇忠高攝

煮，湯汁煮乾即可。需要注意的是，在清洗小花菇的時候最好是用生粉來抓洗，然後用清水沖乾淨，這樣小花菇裡的沙子會清洗得更乾淨。

此外，房縣小花菇還可以做成乾鍋。製作方法是：將清洗好的花菇用七成油溫拉油倒出，然後將煮好的五花肉切成片，放在鍋裡煸炒出香味後，加入新鮮乾蔥頭、香菜、薑片、大蔥段、乾尖椒段和少許花椒，繼續炒香後放進鍋裡墊底。鍋內倒入小花菇，加鹽、味精、雞精，還要放入少許孜然粉、少許水、豬油及十三香調料，快速炒勻後起鍋，最後再在上面放些香菜即可。

第四節・精緻小吃

　　湖北地域廣布，歷史悠久，小吃種類琳瑯滿目，早在《楚辭》中就已對楚地小吃特色有過詳細描述，如楚王宴席上的蜜餞、甜麻花、酥饊子等。魏晉南北朝時，湖北已有諸多的節令小吃，如立春吃春餅、清明吃大麥粥、端午吃粽子、重陽吃九黃餅等。唐宋時，湖北人發明了很多流傳至今的小吃品種，如黃梅五祖寺的白蓮湯和桑門香、黃岡人新年祭祖的綠豆松粑、應城砂子餅、可存放一旬的豐樂河包子、荷月餅以及東坡餅等。明清兩代，湖北小吃在原來的基礎上不斷充實創新，推出了一些新的品種，如：孝感糊湯米酒、黃州甜燒梅、鄖陽高爐餅、宜昌冰涼糕、荊州江米藕、沙市牛肉餃子、武漢談炎記水餃等。近代以來，湖北小吃有了更大的發展，品質也不斷提高，出現了一些名特小吃，如：四季美湯包、老謙記枯炒牛肉豆絲、蔡林記熱乾麵、歸元寺什錦豆腐腦、精武鴨脖、周黑鴨、老通城豆皮、順香居燒麥、油糍粑等。

　　湖北的小吃繁多，主要與其地理位置有關。湖北位於華中地區，飲食文化易於受到外地的影響，具有兼容並蓄的優良品質，再加上省會城市武漢乃內陸重要的港口碼頭，自古商賈雲集，便於一些生意人把外地的特色小吃元素帶來，並融入當地小吃中，從而形成種類繁多、各地小吃薈萃的特色。無論來自何方，這裡都能找到你喜歡的食物。武漢作為湖北省的省會，也是早點小吃的天下，有全國聞名的熱乾麵、「湖北小吃之王」老通城三鮮豆皮，還有湯包、春捲、麵窩、油條、枯炒豆絲等……最近幾年，湖北更是大力打造小吃品牌，彙集省內著名小吃的小吃名街——戶部巷享譽全國，每年都會吸引上百萬人前來品嚐美食，為武漢的旅遊市場注入了一股新的活力。戶部巷的名小吃不但彙集了省內各地之長，更吸收了外來元素。如今，精武鴨脖、周黑鴨、熱乾麵、豆皮等已經成為湖北小吃對外的一張閃亮的名片，來漢遊客無不交口稱讚，臨走時大多人還會捎一些回去餽贈佳友。

「過早」的愜意

　　吃早餐，在湖北也叫「過早」。過早是湖北地區的方言，武漢、宜昌、襄陽、荊州一帶用的比較多。由於地理環境和經濟活動的關係，湖北人很早就養成了戶外「過早」的飲食習俗。每天早晨，人們都比較忙碌，很多人連在家吃早餐的時間都沒有，所以小吃店的早餐生意很好。

　　清代道光年間的《漢口竹枝詞》中最先使用「過早」一詞，並一直沿用到今天。快節奏的現代生活和人們工作、學習的場所遠離居住區，令「過早」的習慣發展成人們日常生活中不可缺少的一部分。以「過早」這樣一種輕鬆愜意的方式，開啟一天的工作和生活，是武漢人的特色。

牛肉豆絲

　　湖北各地過早的美食各有特色，如熱乾麵、豆皮、湯包、牛肉麵、油香兒等，乾稀兼有，美味可口，不僅吃起來方便省時，而且花樣豐富兼具南北特色。就武漢而言，著名小吃有很多，武漢八大名小吃有老通城的三鮮豆皮、四季美的湯包、蔡林記的熱乾麵、順香居的燒麥、福慶和的牛肉豆絲、小桃園的煨湯、田啟恆的糊湯粉、謝榮德的麵窩。其中老通城、小

熱乾麵

桃園、蔡林記、四季美合稱武漢「四大名小吃」，是武漢人過早的首選。此外，十堰、襄陽一帶早餐以麵食為主，荊州、宜昌一帶早餐在麵食之餘又增加一些油炸和大米製作的早點，所以說湖北的早點是南北風格兼具。

　　湖北最具代表性的小吃自然是熱乾麵，最初它只在武漢流行，後來逐漸受到湖北很多地方人們的喜愛。不管在哪裡，武漢人過早時，熱乾麵都是他們最惦記的、最忘不了的食物。在漢口繁華的江漢路步行街上有多組城市雕塑，其中就有一組是熱乾麵，足見這份過早小吃在武漢人心目中的分量。如今在武漢的大街小巷，但凡做早餐的門店幾乎沒有不賣熱乾麵的，就算是在武漢開設的各地品牌的小吃店，也得入鄉隨俗學會做熱乾麵。當然武漢做熱乾麵形成品牌，最有名的當屬「蔡林記」。一九三〇年，武漢黃陂人蔡明偉夫婦在漢口滿春路口打出「蔡林記」的招牌，售賣熱乾麵。因蔡家門前有兩棵蔥鬱的大樹，取名「蔡林記」寓意蔡家生意興隆。開業後，麵好、味正、吃法獨特的「蔡林記」熱乾麵很快就聲名遠播。第一屆中國麵條文化節上，它被評為「中國十大麵條」之一。叉燒熱乾麵、全料熱乾麵、蝦米熱乾麵是「蔡林記」一九八三年前的三個品種。一九九六年擴大為八個品種，即為：全料熱乾麵、蝦米熱乾麵、蝦仁熱乾麵、雪菜肉絲熱乾麵、炸醬熱乾麵、才魚熱乾麵、三鮮熱乾麵、果味熱乾麵。現在「蔡林記」不僅有熱乾麵，還經營四大類四十餘種其他小吃。其中，熱乾麵銷售額占整個小吃品種的百分之四十六。二〇一〇年十月十三日，蔡明偉的長子蔡漢文公開了傳統蔡氏熱乾麵的配方，並向社會徵集傳承人，願意無償傳授蔡氏熱乾麵的製作技法。秘方要求面的鹼量適中，若想要面更筋道，可以加適量的鹽和蛋清。鍋要

大，水要寬，還要燒得滾沸。放佐料要嚴格按照醋、醬油、芝麻醬、小麻油的順序，這樣才能做出味道正宗的熱乾麵。

豆皮是湖北武漢著名的傳統小吃。它餡料選擇講究，煎製用心，出鍋後油光閃亮，色黃味香，是湖北各地的街頭巷尾常見的早點。一些高檔酒樓和飯店也會將其作為特色主食，供客人享用。位於武漢市中山大道的「老通城」是武漢豆皮最有名的門店。「老通城」創辦於一九三一年，原址坐落在漢口中山大道大智路口，有「豆皮大王」之稱。一九五八年，毛澤東曾親臨「老通城」品嚐「三鮮豆皮」，並說「豆皮是湖北的風味，要保持下去」，「你們為湖北創造了名小吃，人民感謝你們」。隨後光臨過「老通城」的名人有劉少奇、周恩來、朱德、鄧小平、董必武、李先念及外國元首金日成、西哈努克等。「皮薄、漿清、火功正」是豆皮製作最重要的三個要求，只有這樣才能做出外脆內軟、油而不膩的豆皮。用鮮肉、鮮蛋、鮮蝦三種餡料製作的，即為三鮮豆皮。老通城飯館的「三鮮豆皮」對餡料要求特別高，僅食材就有肉、蛋、蝦仁、豬心、豬肚、冬菇、玉蘭片、叉燒肉等。

豆皮

麵窩也是武漢人愛吃的早點。麵窩四周厚、中間薄，炸的時候中間會出現一個小洞，呈凹狀，「麵凹」音如「麵窩」，故此得名。它製作簡單，物美價廉，武漢三鎮的大街小巷都可以買到。傳說清光緒年間，漢口的漢正街集家嘴附近有一名賣燒餅的攤販主叫昌智仁，因為生意不好就另賣其他品種的早點。他經過多次實踐，設計了一個中間凸的圓形鐵窩

麵窩

勺，內澆用大米、黃豆混合磨成的米漿，撒上黑芝麻，放到油鍋裡炸，就炸出了一個邊厚中空、色黃脆香的圓形米餅。由於這種食物香氣四溢，因此吸引人們爭相購買。它吃起來薄處酥脆，厚處鬆軟，非常美味，有人就問它叫什麼名字，昌智仁隨口答道：「就叫它『麵窩』吧！」於是這一名稱一直延續到今天。如今武漢的小街小巷裡，食量大的「男將」（成年男人）們往往會吃完一碗熱乾麵，再用竹籤串著兩個麵窩，邊走邊吃。

湖北人的早點一般口味較重，熱乾麵比較乾，油炸類比較油，所以往往要配上喝的東西。除了豆漿外，湖北的特色早點裡還少不了一碗清酒或蛋酒。清酒就是米酒，一般用做好的米酒兌上滾燙的開水沖調即可，而蛋酒就是在沖調米酒時，打上一個雞蛋，沖成蛋花，再與米酒調勻。

油香兒是湖北恩施的風味小吃，在當地隨處可見，是恩施人最常見的過早小吃之一。它的製作過程複雜：先將一定比例的大米、黃豆放在水中浸泡一個晚上，第二天再用石磨磨成糊狀放入桶中，然後把糊狀原料舀一點兒放在特製的鐵勺中，加主料火蔥（薤）、肉絲、土豆絲、雞蛋等和佐料蔥、大蒜、花椒、辣椒、鹽等，在上面均勻地蓋一層糊狀原料，融合底部的糊狀原料，最後在鍋中不停翻動煎炸而成。圓形的油香兒有

金黃、深紅、深棕三種顏色，吃起來香酥可口，被稱為「中國漢堡包」。

一碗牛油麵，便開啟了襄陽人民的一天。襄陽早餐的標誌非牛油麵莫屬。它的做法簡單易學：把鹼性的麵條在沸水中撈至八成熟，加香油拌勻備用；吃的時候，撮一把麵放入漏勺，伸進沸水中；煮好以後澆上熬好的牛油、辣油和其他佐料，撒上蔥

牛肉麵

花、大蒜，紅綠搭配，令人垂涎三尺。牛油麵的精華在於麵湯。用牛骨和牛肉熬製的麵湯，麻辣為主，熬好的湯上面總蓋著一層厚厚的紅油。選肉最好是黃牛肉或牛雜，還要注意肥瘦搭配才能鮮美味足。這碗牛油麵有二三十味香料和調料，如辣椒、花椒、大料、茴香、香葉、丁香、肉荳蔻、白扣、百果等。襄陽牛油麵有葷系（牛雜麵、牛肉麵）和素系（豆腐麵、海帶麵）之分。在牛油麵中加入牛肉或者牛雜等肉類就是葷系，在牛油麵中加入豆腐、海帶等素菜即素系。牛油麵有一辣二麻三鮮的特點，吃起來味道可口，久食不厭。吃牛油麵再配上一碗襄陽黃酒，真的是絕配！

吃早餐配酒在湖北並不是稀奇事，不僅襄陽，十堰、隨州等地都有早餐喝黃酒的習慣。而在江漢平原一帶，如荊州、潛江、仙桃、天門等地，人們在閒暇時，也都會在早餐時喝上一杯。這些地方的早餐除了吃麵條外，餐館裡往往還出售滷製的下酒菜，包括滷肉、滷海帶、滷千張等，再加上一些醃製的泡菜等，食客們往往端上一杯酒，配著菜吃麵條，邊吃、邊喝、邊聊，很是悠閒。

湖北水產豐富，所以早餐的製作上也常加入魚鮮。江漢平原一帶就流行吃鱔魚麵、鱔絲粉。天門的黃潭米粉是湖北特色名小吃，以湯鮮、味濃、細滑爽口著稱，是天門人的早餐首選。而在黃潭米粉裡再加上炒製好的黃鱔絲和湯，味道更加鮮美。此外，荊州地區的人們早餐都喜歡吃鱔魚湯麵、鱔魚炒麵，都是搭配黃鱔的吃法。黃鱔肉鮮刺少，營養價格高，不過價格也不低，所以鱔魚麵也是早餐裡的「高價品」。

　　在湖北的有些地方，早餐就開始吃飯，比如隨州就有吃「枵子飯」的習慣。枵子飯起源於二十世紀九〇年代，製作時，先選用上好豬腿肉，切成每個四兩左右放在大鍋中，加入滷料等材料滷熟，然後與米飯搭配來吃。枵子飯通常是在早上吃，可以說是正兒八經的「吃早飯」。枵子飯油而不膩，豬皮膠質多，深受廣大食客的歡迎。

枵子飯

「宵夜」的閒適

到了晚上，忙碌了一天的人們一般會選擇結伴消遣。夏天的時候，人們就會在街頭找個清涼地納涼，談天說地，餓了就想會吃東西，「宵夜」也就應運而生。改革開放以後，人們的夜生活豐富了，「宵夜」也變得更加大眾化。

湖北的很多城市，一到夜晚都可以找到各具特色的宵夜場所，或是街邊的夜宵攤，或是火爆的夜市，又或是大排檔、酒吧、美食城。夏日夜晚，工作之餘，人們盡可以攜家人、朋友圍坐桌前，歡飲暢聊，在美味佳境中其樂融融。宵夜的存在，總能給城市的夜生活增添一抹亮色。

武漢的鴨脖子、炸藕丸、牛骨頭，荊州一帶的嗆蝦、河螺，潛江的油燜大蝦……每一座城市都有代表自己的宵夜特色菜。

俗話說，「過早戶部巷，宵夜吉慶街」，位於湖北省武漢市江岸區大智路與江漢路之間的吉慶街最有名的就是特色宵夜。以前每當夜幕降臨，華燈初上，燈火輝煌的吉慶街上遊人眾多，多種多樣的美味佳餚、各具韻味的漢味民間表演、豐富多彩的美食文化和民俗文化吸引著中外來賓和八方遊客。吉慶街夜市有寬十幾米的大排檔，白天的時候沒有客人，晚上便換了一副模樣：幾百個台位上有賣花的、賣唱的、拉琴的、吃飯的、服務的……熱鬧非凡。午夜十二點以後，吉慶街更加熱鬧。在這裡可以遍嘗到許多傳統漢味美食，如鴨脖子、蝦球、毛豆、炸藕圓子等。二〇〇九年三月至二〇〇一年，吉慶街進行了改造，改造後的吉慶街不再像先前那樣在外擺大排檔占道經營了，而是修建了一個個特色酒樓，以全新的風貌迎接天下賓朋。

夏天，武漢的任何一個大排檔都少不了涼拌毛豆。毛豆就是新鮮連莢的黃豆，用鹽水把毛豆洗淨去毛，再用剪子剪去一角，這樣既方便入味，也方便吃。把處理好的毛豆加八角和適量鹽、水倒進鍋裡煮。煮開後再多煮三五分鐘，接著把毛豆撈起來，用涼開水過一遍，瀝乾備用。把蒜切末，加兩勺香醋、半勺老抽、少許白糖拌均勻，倒在

涼拌毛豆

煮過的毛豆上。再把鍋洗淨擦乾，放兩勺油，用剪子將乾辣椒剪碎，開小火炸香後把出鍋的辣椒油澆在毛豆和佐料上，拌均勻就可以食用了。涼拌毛豆是武漢人夏天必吃的一道涼菜，特別是在夜宵時配上啤酒，十分愜意。

「小吃」裡的生活之美

湖北乃南北交會、東西交融之地，山水秀美，人文昌盛，自古便深得文人墨客的鍾愛。時至今日，湖北仍以其獨特的山水自然風光和厚重久遠的荊楚文化，吸引著來自全世界的遊客。而很多來這裡的遊客不僅是為了欣賞美景，坐下來細細品味這獨具一方特色的美食，感受當地人的生活，也成為愈加多元化的出遊目的之一。而楚地的山水與風物、美食與故事，無不透露著湖北人生活處事中的休閒之道。

武漢人愛燒烤，有時候甚至會將家庭宴會、朋友聚會、公司聚餐都安排在燒烤店裡。第一次來武漢的人，大多會對這裡遍布的燒烤店印象深

刻，各種各樣的路邊攤、小店、幾層樓的大型燒烤店、專營燒烤的連鎖餐廳等隨處可見。夜晚武漢街頭的大小夜市上，燒烤常常是主角。武漢的燒烤品種有很多，任何蔬菜、魚、肉、水果等都可以拿來燒烤。燒烤所代表的輕鬆、閒聚的態度，早已經融入了武漢本地人的生活當中。

恩施地處湖北、重慶和湖南三地交界，當地生活著土家族、苗族等少數民族，菜品融合川湘鄂菜系風味，又有少數民族佳餚的特色。恩施四周多是大山，與盛產水產品的江漢平原不同，這裡的食材如葛仙米、藥菜、高山土豆、高粱、土家臘肉等，都是取自當地山野的原生態食材。

住在鄂西大山裡的土家族人待客質樸厚道，往往一有客人到訪便傾其所有，弄出十盤八碗，而且還熱衷勸菜，客人吃得越多越高興。土家族人喜腥膻，好飲酒，且飲酒必盡歡。他們喜做「醪糟」，更喜做粑粑。粑粑種類繁多，有糯米粑粑、苕粑粑、泡粑粑、粉粑粑、蒿子粑粑、油粑粑等，既自食，也用來餽贈親友。土家族人還喜歡喝油茶湯，並以之待客。

土家族人的一日三餐中必吃油茶湯。這種類似茶飲湯類的小吃吃起來提神解渴，入口滿嘴都是茶香氣，是土家族人非常鍾愛的傳統風味食品。製作土家油茶湯的步驟，是先把適量茶葉用食用油炸成蠟黃色，在鍋中加水、薑、蔥、蒜、胡椒粉等天然調味料煮至沸騰後，把事先炒好（或炸好）的炒米花、玉米花、豆腐果、核桃仁、花生米、黃豆等「泡貨」加進去就可以吃了。其中，茶葉質量和炸茶葉的火候是最需要注意的地方，佐料和「泡貨」可依個人口味添加。油茶湯喝法隨意，繁簡不一，也是土家人隨性、豁達的生活態度的體現，單獨喝或配上各式輔料

土家油茶湯

喝均可。據說味道最好的油茶湯有很多種輔料，但是常吃的輔料也就只有炒米、鍋巴、花生米、核桃仁、葵花籽等。喝油茶湯時不用勺或筷子，而是應該端著碗轉著圈喝，同時喝完湯和輔料；或者用插在碗裡的筷子慢慢劃圈的同時喝湯，這兩種都是茶油湯的傳統吃法。湯和輔料同時被喝乾淨並不是那麼容易，按土家族人的老話講，要學會「舌頭上長鉤鉤」。土家族山寨的部分老人喝油茶湯時，嘴都不用挨著碗，只在碗沿上用巧勁一吸就可以吃到食物，真讓人不可思議。

湖北還有一種小吃不得不提，這就是近年來風靡湖北乃至全國的鍋盔，也叫「鍋塊」。鍋盔是一種烤制的麵食。其製作設備為圓柱形鐵桶做成的烤爐和一塊案板。鍋盔的製作通常需要負責紅白案的兩個人，白案

負責在案板用手把發酵的麵揉到自己滿意的程度，再放在一旁醒著即可；紅案需要把醒好的麵糰抻寬拉長，做成海棠葉、鞋底等形狀，然後均勻地撒上白芝麻，這一過程耗時約兩三分鐘。做好的麵餅被紅案師傅迅速貼在爐膛上。爐膛裡燃著一盆熊熊的火。爐子的燃料也要精挑細選，把上好的無煙煤搗碎後放到小桶裡，加適量的水攪拌，水與碳在高溫下會發生化學反應，使爐內熱度適中，麵餅受熱均勻。兩三分鐘後，師傅便用一把夾著一個刷子的專用鉗子，輕輕地給還未熟透的鍋盔刷點菜籽油。再過約一分鐘，用專用的鉗子從爐膛裡將體積膨脹了約一倍的鍋盔取出來，用包裝紙包好遞給客人即可。這種鍋盔在荊州一帶的街頭巷尾到處都有。有些地方鍋盔做得比較厚，早餐時可以包裹著油條、油餅一起吃，十分美味。現在的鍋盔發展得種類越來越多，在麵糰裡可以加上牛肉餡、豬肉餡、梅菜肉等，鍋盔做好後，再根據個人口味在上面刷上紅糖水或者辣醬。

在鄂東大別山的黃岡地區，每到清明節，街上就飄著軟芡粑的清香。軟芡是一種野菜，葉柔帶絨，撕開有絲，每年開春後生長在溝谷坡坎裡。當地人採摘後，將其清洗乾淨，放到石臼中打成泥。再把糯米粉和軟芡用溫水調和後，進行充分融合。用芝麻拌紅糖、臘肉拌蔥，或是用純糖、純醃菜、鮮菜做餡料，包起來捏成小餅，然後在鍋裡雙面煎熟即可。此外，黃岡的麻城老米酒、羅田的汽水粑、蘄春油薑、紅安的綠豆粑等，都是大別山地區小吃的代表。

湖北的特色風味小吃繁多，這些特色風味小吃的形成和發展也都有其豐富的歷史。麻花、饊子、蜜糖糕、油炸餅等最早被記載在戰國時期的《楚辭・招魂》中一份楚宮筵席單中。從歷史故事中發展而來的風味小吃

還有很多，如鄖陽的「高爐餅」來自封地在屯郢的楚太子監，因為這種餅深受他的喜愛，也因此被列為御膳，後來成為一種地方風味小吃。《雲夢縣誌》記載，清朝道光年間，雲夢城裡兼做餐飲的「許傳發布行」裡，有位黃師傅擅長紅白兩案。一天，黃師傅在和面時不小心打翻了準備做魚圓子的魚茸，黃師傅索性將魚泥和入麵裡，客商吃了個個讚不絕口。之後黃師傅便如法炮製，並將其稱為「魚麵」，自此，魚麵便成了這個小店的招牌菜。在不斷摸索與創新的過程中，魚麵還發展出乾製品，其麵皮薄如紙，麵絲細如髮絲，味道鮮美，營養豐富，被人稱為「長壽麵」。

湖北十大名小吃

熱乾麵

熱乾麵是湖北武漢的漢族特色小吃，最先出現在武漢，後來逐漸傳播到湖北各地。後來湖北人走出湖北，在其他地區生活，熱乾麵也因此走出湖北，走向了更多的地方。

熱乾麵麵條粗細均勻，口感筋道，色澤金黃油潤，再加上香油、芝麻醬、辣椒粉、五香醬菜等配料的潤色，色香味俱全。武漢熱乾麵名揚海內外，是武漢的著名小吃。

熱乾麵

牛雜米粉

早餐是湖北小吃的基礎。地處長江中下游平原的湖北，被譽為「魚米之鄉」。愛吃麵條的北方人來到了湖北，米粉就成了他們喜愛的食物，最

受歡迎的當屬紅油牛雜米粉。圓形鐵鍋分內外兩圈，飄滿紅油的蘿蔔牛雜煮在大鍋裡，牛骨熬的湯底放在中間的小鍋裡，一碗熱騰騰的紅油牛雜米粉就由此而來。無論四季，牛雜米粉都是食客上選，很受大家歡迎。

豆皮

早在四十年前，豆皮就是湖北武漢的名小吃，街頭巷尾的早餐攤位上均有供應。據說，毛主席當年視察武漢時，也非常喜歡吃豆皮。現在，湖北很多地方的飯館裡都有豆皮，但是最正宗的豆皮其實還是在湖北街頭的早點攤。位於武漢市中山大道的「老通城」是豆皮名店，在武漢市民中最受推崇。

豆皮

臭豆腐

湖北地處交通樞紐，有「九省通衢」的美稱，因此在自己的特色之中融合了南來北往的各種美食文化元素。湖南的特色小吃——臭豆腐，傳到湖北後就被改良成湖北特色的武漢臭豆腐。據說有一個湖南的妹子吃了武漢臭豆腐後，對其稱讚不絕，說比長沙的臭豆腐更好吃，幾年之後都忘不掉這種嫩滑的味道。正宗的湖南長沙臭豆腐不可不嘗，有湖北特色的臭豆腐

臭豆腐

更加不能錯過。

武漢湯包

武漢湯包，最早來自於江蘇鎮江湯包。明代，江蘇人來到武漢經營揚州小籠包，以甜味為主。一九二三年，湖北名廚田玉山將其改良成更符合湖北人的鹹味湯包，並在江漢路與中山大道路口創立四季美小吃店。武漢湯包，蒸熟後外皮薄如蟬翼，像一個個雪白晶瑩的小燈籠，湯汁可以隨著手裡的動作輕輕晃動。球狀的餡子浮在湯中，像嬰兒的臉一樣吹彈可破。吹口氣，餡芯可在包子中轉動，據說這才是上好的湯包了。武漢目前比較有名的湯名

湯包

品牌還有良物華美湯包，其旗艦店位於戶部巷，招牌是五彩湯包。此外，也有「正宗湯包」和「今楚湯包」等。當然，最著名的還是武漢老字號四季美湯包。

鴨脖

鴨脖，就是醬鴨脖，是湖南、湖北、四川一帶漢族民間傳統小吃。它屬於醬汁類食品（醬板鴨種類豐富，有醬鴨翅、醬鴨脖、醬鴨拐、醬鴨掌、醬鴨舌等，鴨脖最為常見），最早在清朝時洞庭湖區的常德出現，後又從湖南向四川和湖北兩地傳播，近年來風靡全國。醬汁類食品的特色：

鴨脖

一是多種香料浸泡；二是經過風乾、烤製。醬好的產品呈深紅色，有香、辣、甘、麻、鹹、酥、綿等多重口味，可作為開胃菜、下酒菜。

　　武漢最早經營鴨脖的店家是「精武鴨脖」，目前公認的武漢鴨脖發源地是漢口精武路，「精武鴨脖」由此得名，現在「精武鴨脖」在武漢三鎮開有許多專賣店。經過多年發展，湖北的鴨脖現在品牌更多，口味也不斷創新，如「周黑鴨」「絕味」「小胡鴨」等，也都是非常受歡迎的鴨脖品牌。

鮮魚糊湯粉

鮮魚糊湯粉堪稱「武漢一絕」，是漢味名吃的經典。湖北地處水鄉之

國，歷來為魚米之鄉，糊湯粉中飄著的都是鮮美的魚香。製作糊湯粉一般選用兩三寸長的野生小鯽魚。這種野生鯽魚，味道非常鮮美。賣糊湯粉的商販，一般在前一天的下午就把鮮活的小鯽魚買回來，然後宰殺洗乾淨，用文火熬整整一個通宵，一直把魚肉和魚骨熬化，骨髓全融進了湯裡。用秈稻米磨成漿製成的米粉，像線粉一樣細長，顏色潔白，非常筋道。武昌「漢味美食第一街」戶部巷，早晚營業的賣糊湯粉的小店鋪中，前來光顧的食客絡繹不絕。武漢本地人吃糊湯粉時，還喜歡泡著油條吃。用手把剛出鍋的油條掐成寸餘長，放進碗裡，湯的滋味浸入油條，咬一口油條，滿滿的魚湯滋味，妙不可言。

歡喜坨

歡喜坨，也叫「歡喜團」「麻湯圓」「麻雞蛋」，在武漢、荊州、仙桃、天門一帶流行，是漢族傳統小吃，在武漢已經有一百多年歷史。做法是把糯米粉滾成圓團後裹上一層芝麻，入油鍋炸熟，炸好後體積膨大，外脆內軟，色澤金黃，咬開的時候一聲脆響後糖汁四溢，滿嘴都是芝麻香。二〇〇四年，歡喜坨以「大麻元」為名

歡喜坨

成功申報「中國名點」。隨後，這種市井小吃也改頭換面走進了武漢的中高檔酒店，成為武漢小吃的代表。

牛骨頭

牛骨頭是武漢特色小吃，二〇〇〇年左右曾讓整個江城都為之瘋狂，比肩精武鴨脖和吉慶街小吃，其中堤角牛骨頭名氣最大。實際上，各種香辣口味的牛骨頭小吃都可以稱為堤角牛骨頭，包括牛身體不同部位製成的食物，如牛骨頭、牛彎彎、牛口條、牛心頭、牛順風、牛百葉、牛腱子、牛尾巴、牛筋、牛肚、牛蹄、牛腸等。牛骨頭的主要味道是香辣味，它香辣中略帶麻味，與精武鴨脖的美味不相上下。食客一般都是啃食牛骨頭上附著的大量的牛肉和牛筋。貼著骨頭部位的牛肉，肉質緊實，有豐富的筋膜膠質。吃的方式也很豪放：戴著一次性手套抓著骨頭，甩開腮幫子啃。雖稍顯不雅，但是在和興趣相投的好友們一起看球時，這卻是最開心最暢快的選擇。牛骨頭在武漢的吉慶街等宵夜場所一般都有供應，在超市也有真空包裝出售。

桂花糊米酒

桂花糊米酒起源於孝感，雖然算不上很有名的湖北小吃，但在湖北各個地區的各種場合都能發現它的身影。不管是街頭小甜品攤、小吃店，還是高檔酒店的菜單上都有這道菜。在湖北人的婚禮宴席上，它通常充當著飯後甜湯的角色，可以說這是湖北人非常喜歡的一種甜湯。各地朋友在武漢旅遊，順便品嚐

桂花糊米酒

湖北的特色小吃時，買一碗（或一杯）熱騰騰的桂花糊米酒最好不過。這種甜湯好處多多，既可以冬天暖身子，也能在夏天香甜開胃。

我爺爺那輩是從湖南移民過來的。來湖北的湖南人都知道，湘鄂邊界的公安縣有大量荒湖可墾，是江南一帶的百湖之縣。後來看縣誌，縣域大小一〇三個湖泊讓公安百湖之縣的稱謂名不虛傳。加之無數溝渠塘堰，這古代雲夢大澤的遺存，從來就是各類水生生物的天堂。魚的種類之豐富，別處怕是不會有的。老話說，靠山吃山，靠水吃水。所以公安飲食的特點分外鮮明，形成了「無魚不成禮，無魚不成席」的重魚食俗。

公安歷史上最有名的美食「新粟米炊魚子飯，嫩冬瓜煮鱉裙羹」，全是水中撈出來的珍饌。家裡來了貴客，常首選「烏龜甲魚」待客。公安甲魚又以斯汊湖、陸遜湖最為肥美。一鍋色香味俱佳的甲魚絕對離不了陳年的臘肉。甲魚宰殺後，鍋燒熱，將殺好的甲魚肉放入鍋內乾炒，直至把水炒乾，然後再將陳年的臘肉在鍋中煸出油來，放桂皮、八角、生薑等爆香，再將甲魚肉放進同炒，臘肉的香味滲入甲魚肉中，去掉了甲魚的腥味，香更濃、味更佳。「長江繞郭知魚美」，這詩像是為枕江抱湖的公安量身而作的。傍水而居的小城，餐桌之上自然也少不了江魚的影子。萬里荊江，在公安這剛好有個回水灣，便成了鮰魚的天堂，江鮰魚又叫鮰古子、肥坨子，肉質細嫩肥美，燉出的湯奶白，鮮而醇厚，這是鮰魚與其他魚的不同處，肉質細嫩富有糯性。師傅弄成家常味，更顯鹹鮮。江邊還有家魚館，別家餐館一種江魚已讓人垂涎三尺，他

們家則是江黃鮰、江鰱魚、江鯽魚三種魚同煮,稱三色魚,可想像這火鍋有多鮮了。後來更有餐館推出了五色魚,江花魚、江鮰魚、江黃鮰、江鯉魚和江鯽魚,臉盆大的一鍋,撒著切成絲的青椒和切成段的香菜,還沒開始動筷子,已被鍋中散發的香味引得神魂顛倒了。

除了江鮰魚,還有江黃鮰,江黃鮰燉肉丸子是公安餐桌上一道常見的美食。俗話說:山珍海味我不愛,只愛黃鮰魚煮蒿菜。三四月間正是嫩蒿芽出來的時節,蒿的那點藥味剛好壓黃鮰魚的腥味,而黃鮰魚的腥味又剛好壓蒿菜的藥味,一中和,味大出,加點辣椒大蒜,湯濃綠而誘人,百吃不厭。黃鮰魚還有一種做法,也是公安水鄉絕無僅有的。做這道湯非得用鄉下的那種帶杉木鍋蓋的大鍋。首先把清水和各種味料放在鍋裡煮開,再將放清水裡養了幾天的黃鮰撈起,將黃鮰背上的刺釘在杉木鍋蓋上,蓋上鍋蓋,但不讓黃鮰挨著鍋裡的水,黃鮰在受熱掙扎的過程中,皮肉與骨分離,肉全部落入湯中,而骨架卻完整地釘在鍋蓋上。此做法獨特,略顯殘忍,但湯卻鮮得天下無雙。

在公安,魚菜做法可謂花樣百出,又獨具風格。比如鯿魚,即武昌魚,一般清蒸最鮮美,有人甚至說清蒸的武昌魚能吃出蟹肉的味道來,但公安人偏不服這個,硬是要做成鯿魚火鍋,倒也做成了特色。「水煮

才魚」是荊州名菜，「酸菜魚」也是非常有名，但公安民間的做法卻更有特色，才魚燉南風鹽菜的味道在餐館不見得吃得上，鹽菜與魚湯的結合就太完美了，是吃了就忘不了的那種味道。才魚醃了，曬曬太陽，然後煎成陽乾才魚，煎了吃的味道也是好得難以形容。還有前一年年底的臘魚，若是到了第二年和豆豉蒸了吃，那可是一碗極下飯的菜啊。還有最常見的鯽魚，白水煮食亦很鮮甜。若是到了冬天，將鯽魚兩面略煎，加豆瓣醬，加青椒絲一起燉得汁濃味美，用大碗盛了，待冷卻後就可以吃上美味的魚凍子了。

江魚大魚美，小魚小蝦也別具風味。溝堰河塘隨外可見的鰟鮍子、攔母子、土憨寶、小銀魚用麵粉裹了炸熟，連骨頭都嚼了，可是補鈣佳品。也可燉了湯化酢胡椒，僅這碗菜，就可讓你吃上三大碗飯。

道不盡魚肉的美味，其實魚雜更比魚肉好，公安的魚雜是公安人變廢為寶的典範。不吃的魚頭，尤其是鱤魚頭，可做成魚頭湯、剁椒魚頭，還可與鮰魚泡、鯉魚籽、各種魚白、魚肚、魚唇、魚腸燉成一鍋，魚頭湯鮮，鮰魚泡糯，鯉魚籽鮮嫩，魚肚魚腸耐嚼，讓人吃得百轉千迴。公安魚雜火鍋店很多，在外地如武漢市，到處都是「公安牛肉魚雜餐館」，大大的一鍋，魚泡白，魚籽黃，撒上幾根香菜，可謂色香味俱全，難怪會與牛肉火鍋一起名滿天下。魚的身上，還有一樣好東西，那就是魚尾，公安煎魚尾也是一

絕。一般用的草魚尾，剁下醃了，曬曬太陽，加青黃辣椒豆瓣醬細細煎了，那可是一盤下酒的好菜，那魚尾的鮮糯超乎人的想像，以致於大老爺們也將那魚的尾翅一根根撕下吮吸乾淨，吃得十分優雅細緻。

還有魚鱗，收集洗淨，用文火熬魚鱗凍，魚鱗凍與涼粉相似，切成條狀放花椒大蒜炒，是一道很好的菜，其功效為養膚，吃魚鱗凍不生瘡，且膚色白嫩如瓷，永富彈性……另外，魚籽灌腸、煎魚籽，都是近年興起的特色水鄉佳餚。說了這麼多，我自己呢？可以說，我也算得半個魚宴烹調專家，好煮婦。像魚頭燉魚丸、陽乾鯽魚、鯿魚爐子、魚燉鹽菜，道道都是我的拿手菜。我做出來的味道，家人朋友沒有不叫好的，說我的魚湯做得天下第一鮮。哈哈，誰叫我是在水鄉湖區長大的女子呢。如今，各種俗務，把你定格在灰塵撲撲的大街上奔跑，或者在煙霧繚繞的會議室聽會。好久難得一聞湖水的腥甜、傍晚的漁梆，難得看到魚翔淺底、菰蒲悠悠。所有的夢都在水波蕩漾的湖邊，想那煙水澄明，菱荷清韻，望那蒹葭蒼蒼，白露為霜……但買魚、烹魚、吃魚，似讓我又回到了湖畔埠頭，又聽到了漁歌互答，又走到了湖鄉深處。一碗魚肴，一次歸途，一份心情的整理和清潔。

原載《湖北日報》2015 年 5 月 23 日

03 章

湖北地處長江文明的中心地帶，歷史悠久，文化發達，早在先秦時期便創造了燦爛的楚國青銅文化和音樂文化，深厚的文化底蘊及秀美的自然風光為湖北名品的成長和繁榮提供了沃土。

湖北民間工藝品在海內外享有盛譽，既有如楚式漆器、漢繡、皮影、剪紙、西蘭卡普等國家級非物質文化遺產，也有如仙桃麥稈畫、工藝扇、貝雕等手工藝品，還有藉助現代技術，工藝登峰造極的各類青銅樂器、禮器等文物複製、仿製品，各類汽車文化、三峽大壩文化等紀念品，更有由各類特色寶石製作的擺件及飾品。湖北名品，既展示和傳播了湖北旅遊文化形象，也滿足了旅遊者對湖北文化體驗和旅遊購物的心理需求。

「湖廣熟，天下足」。物華天寶、人傑地靈的湖北，蘊藏著極為豐富的林木、農產、水產和優質蛋禽資源。各類特色風味食材、居家美食、美味瓜果、健康飲品及滋補藥材不勝枚舉，許多品種都是國家地理標誌保護產品，為全國甚至世界稀有。另外，湖北的各類名煙、名酒，漢派服裝，廚房用品等，都能夠激發旅遊者的美好回憶，展示旅遊者的旅行經歷，也方便旅遊者攜帶保存或饋贈親友。

第一節・
工藝品：惟楚有禮

工藝品，顧名思義是通過手工或機器加工，將原料或半成品加工成具有一定藝術和文化價值的產品。湖北特產工藝品種類繁多，有漆器、陶器、剪紙、刺繡、木雕，等等。工藝品的創作靈感來源於生活，但它創造的價值又高於生活，是人類創造性和藝術性的完美體現。地處長江文明中心地帶的湖北，既有博大精深的荊楚文化，也有動人的民間傳說和歷史故事。數千年來勞動人民智慧的結晶，培育了一大批獨具特色的湖北民間工藝品，極大地滿足了旅遊者的購物需求，傳播著湖北旅遊的文化形象。

非遺傳承，歷久彌新

湖北是楚文化的發祥地，擁有燦若星河的非物質文化遺產，如楚式漆器製作、孝感剪紙工藝、黃梅挑花工藝、漢劇等……這些老祖宗傳下來的「活化石」，凝結著荊楚大地兒女千百年的智慧，也體現了荊楚文明的基因與底色。由此，衍生出一大批獨具楚地文化風格的非物質文化遺產旅遊產品。

楚式漆器

「漆」有「塗料之王」的美稱，它來源於漆樹上割下來的天然汁液。最早的漆器是由古人在木器或陶器上塗染漆液製成的。漆器是楚文化的一個鮮明符號。古代的楚地可以說是漆的王國，生活的各個方面都能看

到、用到漆器，有「生死不離漆」的說法。漆器的製作工藝被許多文物考古專家認為早已失傳，但在荊州地區，這一帶有濃郁東方文化特色的傳統技藝已流傳了兩千餘年。到目前為止，民間已發現多件清代和民國漆器，還有幾位制漆世家的傳承人仍在繼承祖業。他們不僅高品質地仿製出了如虎座鳥架鼓、鴛鴦豆等極富荊楚文化特色的漆器，還自製了既具有傳統風格和技藝，又注重實用性和藝術性的漆器新品，如鴛鴦盤、文房四寶

楚式漆器

等。二〇〇九年，「楚式漆器髹飾技藝」被收入國家級非物質文化遺產名錄。

楚式漆器全部是手工製作，生漆繪製。製作漆器用的白胚器物，對木料要求很高，通常選用存放兩年以上完全乾燥的木料。加工之後再用天然國漆經過磨光、刮灰、砂光、清灰、上漆、繪畫、描金等近二十道工序製作而成。因至少需要十二個小時才能把生漆晾乾，所以少則一個月，多則半年、甚至一年才能完成一件漆器工藝品，這樣製成的漆器自然價值不菲。色澤柔和鮮亮的楚式漆器能夠保存很久，具有極高的收藏價值。一般普通木材做的漆器能保存數百年，而名貴的楠木漆器可保存千年以上。

漢繡

漢繡是漢族傳統刺繡工藝之一，它在楚繡的基礎上，融匯南北諸家繡法之長，糅合出了富有湖北地方特色且不同於國內四大名繡的新繡法。「平金夾繡」是其主要表現形式，即採用鋪、平、織、間、壓、纜、摻、盤、套、墊、扣等針法，分層破色，使繡品層次分明、對比強烈，呈現出渾厚、富麗的色彩。漢繡是湖北著名的傳統手工藝品，湖北石首的繡林鎮、洪湖市峰口鎮一帶的繡花堤和漢口的繡花街都是漢繡傳統產區。

漢繡

早在一九一〇年和一九一五年，漢繡製品就在南洋賽會和巴拿馬國際博覽會上獲得過金獎。二十世紀五〇年代末，「三棒鼓舞」「鬧蓮湘」這兩幅漢繡大型掛壁被選中入京，懸掛在人民大會堂湖北廳的牆壁上。第二批國家級非物質文化遺產名錄於二〇〇八年收錄了漢繡這一傳統技藝。湖北省第一家民辦漢繡博物館——武漢漢繡博物館於二〇一三年在漢陽江欣苑社區掛牌成立。

漢繡針法多種多樣，根據繡品的質地和花紋不同，有墊針繡、鋪針繡、紋針繡、游針繡、關針繡、潤針繡、凸針繡、堆金繡、雙面打籽繡，等等，作品富有很強的立體感。原來，漢繡只用來製作民用小繡品和少量古典戲劇繡服等，現在已發展出帳簾、披風、被面、枕套、服裝、大幅、中堂、條屏、折頁、搖件、屏風等數十個品種。

剪紙

剪紙作為鏤空藝術的代表，是中國漢族最古老的民間藝術之一，在視覺上可以呈現一種透空的效果，給人以極高的藝術享受。剪紙所承載的歷史積澱和文化底蘊像一面鏡子，體現著當地民俗風情，反映著不同時期的社會精神風貌。剪紙作品的內容多取材於民間傳說和歷史故事，湖北剪紙以孝感雕花剪紙和沔陽雕花剪紙最為有名。

孝感雕花剪紙歷史悠久，源遠流長。從距離孝感城市中心二十公里遠的雲夢睡虎地秦墓出土的漆器，以及隨州擂鼓墩出土的戰國漆棺上，已能隱約看出千年前早期孝感雕花剪紙的雛形。雕花剪紙通過其豐富的藝術語言，傳遞著悠久的歷史與文化，具有獨特的美學價值和藝術價值。二○○八年六月，國務院正式公布第一批國家級非物質文化遺產擴展項目名錄，孝感雕花剪紙名列其中。同年十一月，孝感獲得了文化部授予的「中國民間雕花剪紙文化藝術之鄉」稱號，這些榮譽使孝感雕花剪紙成為了孝感市的一張文化名片。

雕花剪紙作品

沔陽雕花剪紙也叫「沔陽刻紙」，俗稱「花樣子」。其構圖繁茂完整、黑白虛實分明、刀法流利工整、破工精細嚴謹、點劃秀美勻稱、線條舒展圓潤、配景寓意傳情、圖案豐滿均衡，具有寫實寫意兼具、變形不失原形、藝術語言豐富、裝飾風格濃烈的特點，融合了中國南方剪紙和江漢水鄉剪紙的特色，把

仙桃人民的藝術才華和對美好生活的期盼表現得淋漓盡致。國務院在 二
〇〇八年把它列為國家級非物質文化遺產，二〇一〇年它又入選聯合國
人類非物質文化遺產代表作名錄。仙桃市被湖北省政府授予「湖北省剪
紙藝術之鄉」稱號。

皮影戲（冊、框畫）

　　皮影戲，也叫「影子戲」「燈影戲」。它是把獸皮或紙板做成人物剪
影，在燈光照射下用隔亮布表演傳統戲曲故事，在中國民間廣為流傳。
地處荊楚腹地的江漢平原，有著豐厚的楚文化底蘊，皮影戲就是在古代
的青銅、竹木硬雕和皮革、雕花剪紙等軟雕工藝的基礎上誕生的。湖北
雲夢縣有「湖北皮影藝術之鄉」之稱，雲夢皮影於二〇一一年入選第三
批國家級非物質文化遺產名錄。皮影冊及皮影框畫，以書冊及框畫為載
體，融入「生、旦、淨、末、丑」，濃縮了皮影的舞台藝術，將舞台上的

雲夢皮影框畫｜李雪軍攝

表演道具演變為頗具觀賞性的旅遊商品。

西蘭卡普

在神奇而又美麗的恩施土家族苗族自治州，有一種聞名中外的土家族傳統手工藝品——西蘭卡普。土家族語裡的「西蘭」指鋪蓋，「卡普」是花，西蘭卡普即土家族人的花鋪蓋，是一種土家族織錦。二○○六年，土家族織錦技藝成為國家級非物質文化遺產保護項目。按照土家族風俗，過去土家族姑娘出嫁前，都要在織布的機台前編織美麗的西蘭卡普。豐富飽滿的紋樣和鮮明熱烈的色彩是西蘭卡普最醒目的藝術特徵。

西蘭卡普以紅、藍、黑、白、黃、紫等絲線經緯交織而成，可以用來做被面、床罩、窗簾、桌布、椅墊、包袱、藝術壁掛、錦袋等。它色彩鮮明、誇張，寫實與抽象結合，極富生活氣息。西蘭卡普的圖案有的是四鳳抬印、土王五顆印等反映土家歷史的題材；有的是雙鳳朝陽、龍鳳

土家織錦西蘭卡普

呈祥、麒麟送子、福祿壽喜、五子登科、鴛鴦戲水等反映生活習俗的題材；有的是張家界風光、土家吊腳樓等自然風光題材；也有的是虎頭花、狗牙齒花、玫瑰花、菊花、月月紅等植物題材。西蘭卡普是土家族人民智慧和技藝的結晶，有「土家之花」的美稱。

黃梅挑花

挑花與繡花一樣，是中國民間傳統刺繡工藝。挑花工藝在中國各地民間均有分布，以湖北黃岡的黃梅挑花發源最早，最具代表性和影響力。它長期主導著中國挑花工藝的發展，故黃梅挑花也稱為各類挑花的代表和統稱。

黃梅挑花

黃梅挑花，又稱「架子花」「十字挑花」，這種民間手工藝與刺繡的區別在於，刺繡以刺為重，挑花以挑為主。挑花底布選用元青布，用針將五彩絲線挑在底布的經線和緯線交叉的網格上，形成色澤絢麗、立體感強的圖案。黃梅挑花內容豐富、品種繁多、圖案精美、色彩豔麗，地方風格和民族特色十分濃郁。

鉛錫刻鏤

鉛錫刻鏤是一種手工製作的複製古代青銅器的制模技藝。鉛錫具有獨特的金屬延展性和可塑性，可以以打擊、扭曲、編織、擠壓、入模成型

等手法，將平面的紋飾與立體、扭曲、鏤空等造型結合起來，融合器物形狀和動物形態，最終製成精緻的原模。

　　製作、複製古代青銅器紋飾的精細程度和紋飾的流暢度，體現了鉛錫刻鏤技藝的獨特之處。用鉛錫刻鏤技藝鑄造出來的青銅器紋飾造型，與出土的古代青銅器相差無幾，能夠對中國古代青銅器進行原真性修復。二〇一一年，鉛錫刻鏤技藝被列入國務院公布的國家級非物質文化遺產。

鉛錫刻鏤

　　湖北荊州是南方青銅器的重要發掘地，很多紋飾繁複、精美絕倫的楚式青銅器具都是在這裡出土的。荊州很好地傳承了鉛錫刻鏤技藝這一楚式青銅器的製作工藝。

木版年畫

　　襄陽老河口木版年畫，又被稱為「南派木版年畫」，與北方的天津楊柳青木版年畫一南一北遙相輝映。有著濃郁地方文化色彩和生活氣息的老河口木版年畫，構圖飽滿，主次分明，圖案線條密實，顏色豐富，對比鮮明。老河口年畫選材廣泛，多來自歷史戲劇、演義小說、民間傳說故事等，也可用於製作農曆、農事諺語、書法條幅等。老河口年畫題材

《三國名人在襄陽》木版年畫郵票冊

廣泛，有一種質樸、原始的美感，極具漢民族原生態氣質。二〇一〇年，老河口木版年畫入選國家非物質文化遺產擴展名錄。作為鄂西北、豫西南木版年畫的製作基地，老河口出產的年畫作品，在陝西、河南、四川等地廣受歡迎。

葫蘆烙畫

葫蘆烙畫，就是利用葫蘆的天然外形，通過巧妙構思，用烙筆在葫蘆表面烙繪出各種深淺不一的褐色圖案，有一種自然、古樸、典雅的美感，體現了獨具特色的書畫藝術效果。葫蘆烙畫這種漢族傳統工藝現在已經是國家級非物質

葫蘆烙畫《荊州風光》

文化遺產。

　　湖北荊州的自然條件十分優越，適合葫蘆生長，荊州也是中國葫蘆文化和葫蘆器製作工藝最早的發源地之一。葫蘆烙畫在工藝手法上，繼承了古人的雕刻、拼接、彩繪等技法，獨具一格。普通的葫蘆，通過烙畫藝術家的創作，從農家瓜果架步入了藝術殿堂，成為一種兼拙樸自然和高雅精美為一體的民間藝術品。

金漆木梅花

　　金漆木梅花是湖北應城的傳統手工藝，始於清末，盛於民國，到今天已有一百多年歷史。金漆木梅花是用金屬絲、桑皮紙、陶土、金箔和中國漆做成的民間手工藝品，常被製成盆景或掛屏以展示梅花風姿。金漆木梅花吸收了國畫的傳統技法，講究構圖意境深遠、造型獨特精緻，是

金漆木梅花｜李鴻飛攝

湖北省第四批非物質文化遺產。

金漆木梅花的製作工藝與楚國漆器的製作技巧一脈相承，以銅絲織桿，泥塑雕花，表面飾以中國漆與金箔。金箔與中國漆都是中國傳統國粹。金漆木梅花原料貴重，工藝精湛，凝聚匠心，有著深厚的文化和工藝價值。

手工製作，鬼斧神工

手工製作工藝在中國民間源遠流長，已經有幾千年的歷史，是中華民族文化藝術的瑰寶，以其門類豐富、歷史悠久、技藝精湛而名揚海內外。幾千年來，傳統手工藝產品一直都是中華民族的特色文化。湖北傳統手工藝品類繁多，有陽新布貼、仙桃麥稈畫、貝雕、土家竹編、手工藝扇、泥塑等。不同地區的社會歷史、風俗習尚、地理環境、審美觀點各不相同，因此各地手工藝品的風格特色也存在差異，它們來源於生活之中，既是文化藝術品，也是日常生活用品，充分地展示了中華民族手工藝術的風采。隨著科技的進步，以往純手工製作的手工藝品，逐漸變成以人力為主、機械輔之，成品更為巧奪天工。

奇特之畫作：

陽新布貼畫

陽新布貼起源於湖北陽新一帶，是在一塊底布上通過剪樣、拼貼、縫製、刺繡等手法製作而成，成品是帶有淺浮雕效果的民間實用美術品，至今已有一五〇〇多年歷史，有「神奇的東方特有的藝術品」之稱。陽

陽新布貼畫馬甲（鯉魚戲蓮）

新布貼圖案題材豐富，大多來自民間故事、戲曲人物、民俗風情和鄉間景物，如觀音坐蓮、鳳戲牡丹、福壽八寶、金雞鯉魚、桃榴茶蘭等。陽新布貼製作不需要筆，主要得益於作者的心靈手巧，具有獨特的造型和鮮豔的色彩，楚文化特徵表現明顯。從童裝、童枕、童玩到婚嫁飾物、婦女家用，以及廟堂蒲團、吊幡等，陽新布貼有近三十個品種。

仙桃麥稈畫

麥稈畫和剪紙、布貼一樣，是一種剪貼藝術。經熏、蒸、漂、刮、推、燙、剪、刻、編、繪等多道工序處理後的麥稈，製作者依照其本身的光澤、紋彩和質感，根據需要進行剪裁和黏貼，便可製成一幅精美的麥稈畫。

仙桃麥稈畫，最初只用來製作對聯，後來逐漸從無色拼接發展到彩色多層浮雕，能夠做出栩栩如生、活靈活現的人物、花鳥、動物，具有古

樸自然、高貴典雅的美。它汲取了繪畫、書法、雕刻等七八種藝術門類的長處，因熨燙時間長短不一，而使麥稈上呈現深黑、金黃等不同的顏色，一眼望去似油彩般鮮豔奪目。用天然環保的麥稈創作的形態逼真的麥稈畫，藝術價值和收藏價值都很高。

麥稈畫《天女散花》

工業版畫

在中國豐富多彩的文化藝術遺產中，工業版畫是一個十分獨特的品種和類型，是中國現當代版畫的支流，與新中國工業同步發展。工業版畫的視覺表達效果非常生動，充滿時代氣息的藝術語言和視覺符號，有一種別樣的美。它是新中國的社會進步和當代工業文明發展的見證。

湖北的工業發達，多個著名的工業版畫家群體都出自湖北，如在全國影響比較大的武鋼一冶群體、荊門煉油廠群體、東風汽車群體等。

工業版畫《時代樂章之青春讚歌》
（孔玉梅作品）

精湛之雕品：

應城膏雕

石膏是孝感應城四寶之一，有袪寒除濕、消火降壓的藥效。據《湖北通志》記載，應城發現石膏至少已有四百多年。應城也是中國著名的石膏產地之一，被稱為「膏都」。

應城膏雕

應城膏雕工藝，是用雕、鑿、鏤、刻的手法將纖維石膏做成精緻耐看的生活用品或頗具審美價值的藝術作品，有實用和觀賞兩種類別，將石膏的藥用價值與民間精湛雕刻技藝完美結合。相傳，清末應城有位姓郝的木雕藝人，非常喜歡質地細膩、澂明如玉、涼爽宜人的應城纖維石膏。因為石膏有「乃大寒之藥，能清熱解火」的作用，這位藝人便施展自己的手藝，把石膏磨成兩頭高、中間低的枕頭和方形坐墊。因為石膏在治療內熱目赤、心煩神昏、神經亢奮方面有奇效，頗受時人歡迎。民國年間，其徒弟鄭彩如、萬雙明等，繼承郝師傅的技術，製作出潔白晶瑩的石膏枕頭，風行於市。今天，應城的膏雕工藝發展很快，不僅有各種工藝枕、座板，還包括各種筆架、鎮紙和黃鶴樓、寶塔等名勝模型，以及十二生肖、麒麟、熊貓、雄鷹、駿馬、雙龍戲珠、南海觀音、羅漢、壽星、嫦娥等二百多個品種的石膏工藝品。《膏都鹽海迎佳賓》《湯池的傳說》等大型石膏浮雕壁畫就是當地創作的特色產品。歷經

一百多年的發展，應城膏雕工藝經過了治病到實用、從觀賞品到藝術品的嬗變，其新穎的設計和獨特的造型，不僅格調高雅、時代感強，還具有鮮明的民族特色及玉雕的藝術風格，堪稱「藝苑奇葩」，成為應城的一大特產。

菊花石雕

菊花石，也叫「石菊花」，是石中精品，也是中國獨有的世界性寶藏。世界上的菊花石礦蘊藏稀少且無類同。它的礦體型成於二點七億年前的淺海沉積層中，黑如墨色的石底中鑲嵌著排列有序的白色花紋晶體，極似一朵怒放的菊花，因此得名。菊花石在中國被列入寶石類，學名「玉疊妃」，其稀有的特性讓它比珠玉、寶石更加珍貴。菊花石形態絕美，像植物菊花一樣，花形多種多樣，有繡球狀、鳳尾狀及蝴蝶狀等。

恩施菊花石雕

菊花石礦集中分布在恩施州東部地區，這裡的菊花石儲量豐富，品質上乘，硒、鎢、鈣等多種人體必須的元素的含量也很豐富，有養生保健的作用。目前，菊花石工藝品主要有觀賞型和實用器具型兩種，共有一百多個品種。菊花石工藝品藝術價值、實用價值和收藏價值都很高，被《人民日報》、中央電視台譽為「民族奇葩」。

貝雕

貝雕是利用貝殼的天然色澤和紋理、形狀，經過剪取、車磨、拋光、堆砌、黏貼等工序，將其精雕細琢成平貼、半浮雕、鑲嵌、立體等多種形式和規格的工藝品。貝雕展現了海的綺麗和傳統文化的智慧，是融合了貝殼的自然美、雕塑的技法美和國畫的格調美的產物。

千湖之省的湖北，盛產質地堅硬、色彩絢麗、光澤柔膩、紋理多變的淡水珍珠貝，這是製作貝雕的上等原料。湖北貝雕的題材有古今故事、花鳥人物、山水風光、古建築和古玩等一百多種共幾千個圖案，畫面豐富多彩，藝術加工技法精湛，寓意深刻祥瑞，裝飾效果引人注目，民族風格與地方特色融為一體，兼具觀賞性與實用性，深受國內外人士青睞。湖北貝雕以仙桃貝雕和洪湖貝雕尤為突出。

貝雕《一帆風順》

木雕

木雕工藝在春秋戰國時期的楚國就已經非常成熟，戰國文物木雕小屏就是實證。明清兩代，湖北木雕生產又前進了一大步。武漢的古琴台、歸元禪寺等建築的雕花（神像、神龕、供桌、雕梁、窗格、神台等），都是當時全省木雕技藝水平的體現。湖北木雕主要產品有木雕船、人物神像、嵌花、各種小擺件等。比較有名的是紅安木雕和鄂南木雕。

民間工藝品：

工藝扇

湖北工藝扇始於清嘉慶年間，至今已有一八〇多年的歷史，品種繁多，做工精良。主要有羽毛扇、紙摺扇、絹扇、官扇、綢舞扇等，產地分布在洪湖、仙桃、武漢和崇陽、赤壁一帶，以洪湖的羽毛扇、紙摺扇和崇陽的木質工藝扇、紙扇、香木扇較為出名。紙摺扇的原料是江南毛竹和優質紙，扇面有題詞和繪畫；羽毛扇則是按照羽毛的自然花紋特徵，將其精心整理分類，再用竹絲、鐵絲或鋼絲穿制而成。

洪湖羽毛扇

黃陂泥塑

武漢黃陂區是著名的泥塑之鄉，尤以塑佛像見長。黃陂泥塑的代表作有木蘭山菩薩和武漢歸元寺五百羅漢。近年來，隨著泥塑技藝的不斷發展，創作者們推陳出新，製作出很多題材新穎、構思巧妙、工藝精湛、色調柔和、欣賞與實用價值兼備的泥塑作品，如花木蘭、哪吒、孫悟空、卓別林、七品芝麻官等，以其自然傳神的形態而廣受歡迎。

黃陂泥塑

山核桃手工藝品

核桃在中國古代一直是祥瑞之物，「和（合）」即取自「核」的諧音，有闔家幸福安康、和和美美、和氣生財、百年好合之意。山核桃工藝品是漢族傳統的手工藝珍品，歷史悠久。優質的野生鐵核桃是製作這種工藝品的主要材料，因為它有堅硬、耐腐的外殼和自然、古樸的內部花紋。製作過程需要數十道工序，主要有：用機器把鐵核桃果切片、

恩施山核桃工藝水果盤

去除果肉、乾燥、定型、磨拋光、粘接、細雕等。通過這些工序，核桃果的原始外形和花紋都被保留下來，使工藝品在視覺上呈現出風格古

樸、雅緻優美的造型，煥發天然的美感和自然的鏤空效果。恩施州的巴東縣建設了十萬畝核桃基地，同時加大了產品研發投入，努力提高核桃工藝品的附加值。

土家竹編系列

恩施州的民間編織藝術中，種類最多、工藝精湛，與日常生活關係最密切的一個門類當屬竹編工藝。遍布全州各地的恩施竹編，不僅種類繁多，並且造型古樸大方，散發著山野的自然氣息，如編織精巧、形態美觀的來鳳縣背簍；席薄如紙、可以摺疊的來鳳卯洞的細篾竹蓆；編織巧妙、別具一格的咸豐縣背娃背簍；美觀實

恩施花背簍

用、巧奪天工的咸豐岩鳳窩刨籠（用於洗芋頭、刨桐籽）；品種繁多、琳瑯滿目的利川竹編工藝品。

現代工藝，登峰造極

科技的進步和機器的大規模使用大大減輕了人們的手工勞動。利用現代化的工藝，不僅能夠再現千年前的古文物，還能融入各地的文化精髓，製作出許多手工技藝無法達到的工藝品。

文物復仿製品：

　　文物復仿製品，是指按照出土的歷史文物原狀，複製或仿製的旅遊紀念品。

青銅器系列

　　湖北青銅冶煉歷史悠久，工藝水平高超，全省青銅器文物出土數量和種類均十分豐富。大冶作為世界青銅文化的發祥地，青銅冶煉史有三千年之久。世界第九大奇觀銅綠山古礦冶遺址就在大冶。距今有二四〇〇多年歷史的戰國早期大型岩坑豎穴木槨墓——曾侯乙墓就在隨州擂鼓墩發掘，墓中出土了禮器、樂器、兵器、車馬器、日用器具、祭祀用品、工藝裝飾品等文物，還有舉世無雙的曾侯乙編鐘。目前，大部分出土青銅器已經製作出文物複製品、微縮文件仿製品和銅浮雕工藝品，其比例類型多種多樣，有可旋宮轉調演奏古今中外樂曲的青銅古編鐘、青銅禮

銅綠山古銅礦遺址博物館

器、武當山金殿模型、武當玄天劍、黃鶴歸來銅雕、越王勾踐劍、鄂州古銅鏡等，在旅遊市場上十分暢銷。

雲夢秦簡

秦簡，是用繩索把寫有秦國小篆的竹片編組而成書簡，是秦朝重要官方文件。在中國古代很長一段時間內，竹簡都是紙張發明以前的主要書寫材料之一。一九七五年，孝感雲夢睡虎地出土的二千多年前的秦代竹簡讓考古界為之一振，歷史學家和文物專家認為這「具有劃時代的意義」。極具藝術價值的雲夢秦簡中的文字，其書法承篆啟隸，是中國最早的隸書。目前，最先進的激光打印工藝被廣泛應用，以開發生產仿製雲夢秦簡的竹簡工藝品。這些工藝品既體現了雲夢地區的地方文化特色，也具有鑑賞、收藏價值，展現了中華瑰寶的無窮魅力。

雲夢睡虎地秦簡

現代製造工藝：

汽車文化紀念品——汽車模型收藏版

十堰有「車城」之稱，東風公司生產的汽車不僅是這座城市的文化象徵，也是一張亮麗的城市名片。對於普通人來說，擁有自己鍾愛的汽車

不易實現，但收藏車模還是可以實現的。中國第一台轎車車模是以毛澤東命名的「東風金龍」為原型製作的，該車模不僅有深厚的歷史底蘊，更有不凡的價值，以 24K 黃金製成車模前標，限量一千台。禮品價值和情感寄託，都在小小車模上得以體現。

諸葛亮系列紀念品

襄陽是中國歷史文化名城之一，已經有二八○○多年建城史，是三國文化之鄉和楚文化發祥地。曾在這裡隱居躬耕十年的諸葛亮是中國古代著名的政治家和軍事家，《三國演義》一共一二○回，發生在襄陽的章節就占了四分之一，古隆中、古襄陽城等七百多處名勝古蹟展現了襄陽古老的歷史。

諸葛亮紀念品

諸葛亮藝術印章、諸葛亮書籤、諸葛亮智慧扇、諸葛亮銅像、真絲織錦畫《隆中對》等均是根據諸葛亮文化開發出的一系列旅遊紀念品。製作精美的諸葛亮系列旅遊紀念品，展示了襄陽豐富的文化內涵和地域特色，極具觀賞性和收藏價值。

三峽大壩系列紀念品

三峽大壩位於湖北宜昌，是世界最大的水力發電工程。以三峽大壩為主要設計元素並與三峽文化完美結合的旅遊紀念品品種有很多，如以人

造水晶跟金屬相互結合的晶鑲金三峽大壩模型；介紹長江三峽風光和三峽大壩的《印象三峽紀念郵冊》；採用宜昌遠安縣的優質蠶絲，由宜昌知名畫家菜勇先生親筆繪製的三峽宜昌系列專題國畫《千秋三峽古韻宜昌》天然蠶絲畫卷；創造性地將名家書畫、三峽工程題材的經典要素融合為一體的《高峽平湖圖》彩繪絲綢等。

鄂產玉石擺件及飾品：

猇紅玉髓

猇紅玉髓產自湖北宜昌三峽一帶，是瑪瑙中的極品，顏色大多為嬌豔的紅色，其膠質感像骨髓一樣，質地細膩，顏色嬌豔，清澈透明，似寶石般璀璨，故又稱為「宜昌紅寶」。猇紅玉髓傳說是三國將士的鮮血和眼淚凝結而成，是三峽和宜昌地區的瑰寶，也是中國寶石中不可多得的精品，主要用於製作掛件或鑲嵌首飾。

猇紅玉髓

米黃玉

米黃玉，也叫「松香黃」，因為它的顏色跟黃米一樣而得名。米黃玉石具有細膩柔潤的觸感，色澤純淨剔透，具有非常潤澤的油脂光澤和蠟狀光澤，人稱「黃水晶」「黃瑪瑙」「黃金玉」。湖北十堰市鄖縣譚山鎮是它的主產區。譚山鎮素稱「中國米黃玉之鄉」，境內米黃玉的色澤、質

米黃玉文房四寶

地均被公認為亞洲之最。東南亞各國及美國、韓國的客商都特別喜歡米黃玉製作的家具、裝飾材料、工藝品，它們晶瑩剔透、典雅高貴，堪稱藝術品。此外，在湖北荊山山脈亦有米黃玉廣泛分布，尤以東寶區玉質為佳。

綠松石

綠松石因形似綠色松果而得名，有中國「古玉之尊」之稱。綠松石是十堰的特產，綠松石全球總儲量的百分之六十都在十堰。鄖縣、鄖西、竹山一帶出產的綠松石最有名，是全球綠松石資源最多、質量最純的地區。女媧煉五彩石補天的故事發生地與綠松石的主產地一致，從而賦予了綠松石傳奇的色彩，也使它得以融入中華文明的血脈。產於鄂

綠松石首飾

西北荊山的「和氏璧」的相關記載也與湖北唯一寶石綠松石礦產區域恰巧重合，又為綠松石蒙上了一層尊貴而神祕的面紗。以綠松石為原料製作的首飾和工藝品作為旅遊紀念品廣受遊客歡迎。

孔雀石

孔雀石，也叫「石綠」「銅綠」，屬於古玉的一種。孔雀石的名字源於其顏色與孔雀羽毛上綠色的斑點極為相似。孔雀石產於銅的硫化物礦床氧化帶，一般和其他含銅礦物（藍銅礦、輝銅礦、赤銅礦、自然銅等）共同存在。中國孔雀石的主產地，位於湖北黃石市大冶縣境內的銅綠山。顏色鮮亮的孔雀石久不褪色，可製作雞心吊墜、蛋形戒面、項鏈、印章等。孔雀石製成的首飾含有人體所需的微量元素銅，相傳有「隕玉粉治病，佩玉飾避邪」的功效。

孔雀石飾品

第二節‧
土特產：自然餽贈

土特產，指來源於特定區域、品質優異的農林產品或加工產品，可以是直接採收的原料，也可以是經特殊工藝加工的製品。湖北位於中國中部、長江中游，因其獨特的地理位置和氣候條件，擁有許多其他地區沒有的土特名產，有洪山菜薹、武昌魚、蔡甸蓮藕、天門黃花菜、雲夢魚麵、孝感米酒、麻糖等風味美食，有羅田甜柿、板栗、秭歸臍橙等美味瓜果，健康飲品、滋補藥材和美酒佳釀更是數不勝數。這些土特產，許多都是國家地理標誌保護產品，為全國甚至世界所罕有。如今，保鮮技術的進步，豐富了食材的包裝方式，風乾、罐裝、真空包裝的湖北土特產可任遊客挑選。

風味食材

湖北，位於神奇的北緯 30°上下，處於中國地勢第二級階梯向第三級階梯的過渡地帶，有山地、丘陵、崗地和平原等多種類型的地貌，既有原始森林神農架，又有「中國硒都」恩施州以及「魚米之鄉」江漢平原，素有「千湖之省」美名。一方水土養一方人，這片神奇的土地孕育出無盡的珍貴食材。

陸上珍品：

洪山菜薹

洪山菜薹是武漢洪山特產的一種紫菜薹，
具有莖肥葉嫩的特點，清炒之後色香味美。因
為其稈葉呈紫紅色，所以也叫「紅菜薹」。只
有外形肥壯，色澤淺紅，口感較輕，莖幹部分
呈喇叭狀，從下至上逐漸收小的菜薹才是正宗
的洪山菜薹，而其他地方出產的都是莖幹上下
粗細一致的菜薹。史載，紅菜薹在唐朝已經成
為著名的蔬菜，一直都是湖北地方向朝廷進貢

洪山菜薹

的土特產，有「金殿玉菜」的封號，和武昌魚的名氣不相上下。傳說古
時作為貢品的紅菜薹指的是在武漢洪山寶通寺鐘聲能傳達到的地域範圍
內的特定土壤裡長出來的菜薹。洪山菜薹中含有大量的蛋白質、花青
素、胡蘿蔔素、尼克酸、抗壞血酸等，營養豐富，味道清爽鮮甜，深受
市民喜愛。

香菇、木耳

良好的林木資源，是發展食用菌得天獨厚的資源優勢。湖北崇山峻
嶺，林木資源豐富，生產香菇和木耳的地域很廣，著名產地有隨州、房
縣、保康縣。隨州位於江淮之間，南有大洪山，北有桐柏山，被稱為「中
國食用菌之鄉」，是湖北省食用菌種植生產重地。經過三十多年發展，已
成為中南地區最大的食用菌生產和出口基地。位於鄂西北大巴山和武當
山之間的房縣，四周高山環繞。房縣香菇以其清香可口、味道鮮美，美

名久傳於世，是聞名中外的佐味佳品。房縣也是中國著名的黑木耳生產基地縣，是馳名中外的「木耳之鄉」。色鮮、肉厚、朵大、質優、營養豐富的房縣黑木耳有「房耳」和「山珍之王」的美稱。質厚體大、形似飛燕

黑木耳

的保康縣黑木耳又叫「燕耳」，保康縣被譽為「中國燕耳之鄉」，在中外市場久負盛名。

襄陽大頭菜

　　襄陽大頭菜，又稱「孔明菜」，是中國四大醃菜之一。據《中國風物誌》記載，諸葛亮在襄陽隆中隱居時發明了這道菜，所以民間通常稱之為「諸葛菜」「孔明菜」。據說東漢末年，隱居古隆中的諸葛亮，每逢寒冬臘月，都會把一種叫「蔓莖」的野菜挖回來，涼拌下飯。有一次他出門訪友，臨行前做了一盤蔓莖絲，等到數天之後他回到家，發現沒有吃完的蔓莖絲還能吃，就嘗了一下，其口感脆嫩可口，這才明白用鹽把新鮮蔓莖多醃一段時間就能變成美味佳餚。此後，襄陽人醃製大頭菜的習俗和方法就逐漸流傳開來，如今，它已成為遠近馳名的地方特色產

襄陽大頭菜

品。襄陽大頭菜含有多種人體所需的氨基酸、鐵、鋅、鈣、磷等微量元素，口感清脆，生津開胃，醬香濃郁，具有下氣消食、利尿除濕、解毒消腫等功效，多次獲得省、部及全國名優產品稱號。

白花菜

白花菜是湖北特產蔬菜，產自湖北中部的安陸市各地及京山縣境內與安陸市接壤的漳水河兩岸，含有豐富的白花菜素。《本草綱目》載：菜氣羶臭，惟宜鹽菹食之。將白花菜醃製食用是當地人的傳統。傳統方法醃製的白花菜，菜香撲鼻，口感豐富，是當地人餐桌上的美味佳餚和最佳佐料。白花菜的營養豐富，經測定，其氨基酸的含量

白花菜

比同類蔬菜高十倍，比一般醃菜高三至六倍，磷、鐵、鈣等礦物質的含量比一般蔬菜高數倍，其綜合營養成分可與豆類相媲美。近年來，人們充分利用白花菜的特點，用現代方法醃製，機械化生產罐頭和軟包裝產品，推向市場。孝感安陸、應城及荊門京山的白花菜在市場上較為有名。

山藥

山藥為薯蕷科植物薯蕷的乾燥根莖，冬季莖葉枯萎後採挖。《本草綱目》說它「本屬食物，氣雖溫而卻平，為補脾肺之陰。是以能潤皮毛，長肌肉，味甘兼鹹，又能益腎強陰」。湖北較為出名的山藥有馬沖佛手山

藥和利川山藥。

馬沖佛手山藥是黃岡市蘄春縣特產，為蘄春農業四寶之一。《本草綱目》記載，佛手山藥的藥用價值很高，能治諸虛百損、療五勞七傷、去頭面游風、治腰痛、除煩熱、補心氣不足、開達心孔、多記事、強筋

佛手山藥

骨、益腎氣、健脾胃、治瀉痢、化痰涎、潤皮毛、降血壓、緩衰老。在蘄春，冬季煮火鍋的食材必定會有佛手山藥，其口感軟糯，越煮越好吃。佛手山藥火鍋是當地有名的滋補藥膳。

恩施土家族苗族自治州有「世界硒都」和「華中藥庫」的美譽，山藥種植在當地已經延續了一五〇〇多年。含大量硒、鍺等微量元素的利川山藥，性平味甘，無副作用，既是一種常用中藥，也是廣受歡迎的上乘滋補菜品和天然保健品。團堡鎮產的紅皮山藥，是利川市品質最好的山藥，有很高的藥用價值，有皮薄（呈淡紫紅色）、色白、質實、黏液質高、水分少、味道清香、口感綿軟的特點。

竹筍

竹筍是竹的幼芽，也稱為「筍」。「菜中珍品」竹筍的脂肪和糖的含量都很低，纖維含量較多，食用後能促進腸道蠕動，助消化、去積食、防便秘、預防大腸癌。養生專家認為，竹林叢生之地長壽之人多，且很

少會得高血壓，這與常吃竹筍有一定關係。

咸寧的赤壁市是「中國楠竹之鄉」，赤壁竹筍中富含磷、鐵、鈣等微量元素，風味獨特，屬於上等的純天然保健食品。除此之處，宜昌長陽清江雷筍、神農架野山筍等都品質較高。

隨州泡泡青

隨州泡泡青也叫「皺葉黑白菜」，是「炎帝神農故里、編鐘古樂之鄉」隨州古老的地方特產，種植的歷史十分悠久。泡泡青的營養價值高，被稱為冬季「蔬菜之王」。它的葉泡濃綠似墨，葉肉厚實，質地柔軟，不怕嚴寒，霜凍雪壓之後的口感更好。常在春節前後上市，是冬季餐桌必備，也是餽贈親友的佳品。

隨州泡泡青

神農架蕨菜

蕨菜是一種野生植物，生長在山區的草坡、林間空地和林緣地帶，被譽為「山菜之王」。每年春天，神農架林區到處都長滿了一叢叢、一棵棵生長茂盛的蕨菜。它的嫩葉還未舒展時，就可採摘食用。在今天這種天然野菜愈發稀少的環境裡，它也顯得越來越珍貴。神農架的野生蕨菜營養豐富，富含胡蘿蔔素、維生素 C、蛋白質、粗纖維、無氮侵出物及鈣、磷等礦物質，營養價值遠遠高於栽培蔬菜。味甘性寒的蕨菜全身都

是寶，根、葉及全身都是藥材，能安神鎮靜、清熱解毒、利水消腫、活血止痛、強健脾胃、祛風除濕等。蕨菜有鮮食、鹽醃、乾製三種食法。

恩施鳳頭薑

鳳頭薑，形似鳳頭，是恩施土家族苗族自治州來鳳縣的特產，在當地已經有五百多年種植加工歷史，全縣年產量四五〇〇多萬千克，產量位居全省第一。鳳頭薑含有多種維生素、氨基

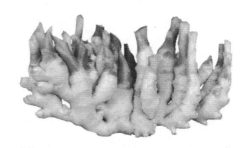

鳳頭姜

酸、蛋白質、薑油酮、酚、醇及人體必須的鐵、鋅、鈣、硒等微量元素，具有健脾開胃、祛濕禦寒、加速血液循環、延緩衰老、防癌美容等功效。恩施鳳頭薑品質獨特，有皮薄色鮮、富硒多汁、無筋脆嫩、營養豐富、風味醇美等特點，享譽湖北乃至全國。一九九七年，日本專家鑑定顯示，鳳頭薑乾薑樣品的品質明顯優於國內同類其他生薑，因此被評定為東南亞最具特色的名薑。

花生

花生是中國普遍生產的經濟作物，長江流域和黃河流域都有種植。但只要吃過湖北的小村紅衣米花生和紅安花生，就會對其留下與眾不同的印象。

小村紅衣米花生產於恩施州咸豐縣小村鄉。位於咸豐富硒礦帶上的小村鄉，四周都是高山，土壤純淨，當地出產的花生因皮紅而得名「紅衣

米花生」。其果實細圓飽滿、香味獨特，蛋白質、礦物質和不飽和脂肪酸的含量豐富，有活血造血、促進血小板新生、增強記憶力的強大功效，更有「長生果」「植物肉」的美稱，深受市場歡迎。

小村紅衣米花生

湖北最大的花生生產縣是黃岡市紅安縣，年產量可達二點五萬餘噸，是國家花生生產基地縣。紅安的花生果殼薄、品相佳、出油率高。紅安有近百種花生製品，香酥花生、鹽脆花生、花生酥心糖、花生牛軋糖、花生油、花生醬等是其主打產品。

安陸白蘿蔔

安陸白蘿蔔產自孝感市安陸縣南鄉，當地有「南鄉蘿蔔進了城，醫院藥鋪要關門」的說法。南鄉蘿蔔性喜沙壤黑土，水分足，口感甜，清脆可口，有著「土人參」的美譽。南鄉白蘿蔔表裡一色，外形似「心裡美」，形狀像蘋果一樣圓嘟嘟的，皮像橘柚一般；生吃可以生津止渴、消滯祛膩，其味道勝過地

安陸白蘿蔔

薯、蘋果。蘋果甜得平淡，南鄉蘿蔔則甘甜中帶一絲餘辣，令人回味無窮。南鄉蘿蔔營養價值頗豐，既可生吃，又可燉炒，還可醃製鹹蘿蔔或乾或絲，香脆下飯，勁道十足，是飯桌上的必備良菜。

舒安藠頭

藠頭，古稱「薤」，在中國有三七〇〇年的種植和食用史。藠頭的球莖不能直接生吃，後來，人們偶然發現用鹽水醃製後的藠頭酸甜可口，所以人們就開始吃球莖不吃根部了。武漢江夏的舒安藠頭特別有名，是湖北人餐桌上必備的菜餚及調味品。舒安藠頭的色澤金黃透亮，味道甜中帶辣，質地軟嫩脆糯，是一種能解除油膩的開胃菜。「久食佳餚不知味，饞涎只為甜藠頭」和「胃口不開不用愁，只要食顆甜藠頭」是當地流傳甚廣的兩句俗語。每年九至十月間，當地農村每戶都要種上數百兜，等到第二年的芒種至夏至時開始收割，在下半年食用。它既可以單獨做菜吃，也能當配料，調製各種美味佳餚，在豐盛的宴席用此作為點綴，可以令人眼前一亮。

鶴峰葛仙米

葛仙米，又稱「天仙米」「水木耳」，是藍綠藻的一種，也是名副其實的純天然綠色食品。葛仙米營養豐富，是宴會佳品，也有藥用保健功能，《全國中草藥彙編》記載：葛仙米「性寒、味淡，可以消熱、收斂、益氣、明目」。世界上最大的葛仙米產區在恩施州鶴峰縣走馬鎮，這裡有適宜葛仙米生長的六七〇多公頃水田、池沼。

葛仙米｜王群攝

廟頭黃花

廟頭黃花，產自孝感漢川，廟頭、城隍、分水、華嚴、沉湖等地都有分布，種植面積兩萬畝，年產量六十五萬餘斤。廟頭鎮所產的黃花，外形美觀，香氣襲人，聞名海內外。《廟頭志》有「廟頭黃花，始種於隋，為歷代宮廷御膳，是健腦、強身、養顏之貢品」的記載。唐代詩人白居易的千古絕句「杜康能解悶，宣草能忘憂」就是對該地黃花的稱讚。用現代技術殺青、乾燥、保持氣調等國內外領先工藝加工的漢川廟頭黃花，其產品質量達到了國際領先水平。

安陸白果

白果，又名「鴨腳子」「靈眼」「佛指柑」，是銀杏的種仁。銀杏是一種古老的樹種，是植物界的「活化石」，華中地區最大的古銀杏群分布在孝感市安陸縣的錢沖村，這裡一千年、五百年、一百年以上的古銀杏分別有四十八株、一四六八株和四六八三株，定植銀杏二四〇萬株。安陸錢沖村的銀杏種植全國數量最多、年代最久，有「中華銀杏第一村」的美譽。中國人大多都喜歡白果，其味道鮮美、柔韌滑膩、清香可口，可以加工製作成美味的佳餚。烹飪時有煮、炒、蒸、煨、燉、燜、燴、燒、熘等十餘種方法，既能做出風味獨特的菜餚，也能製成美味的甜品。

建始魔芋

魔芋是恩施土家族苗族自治州建始縣的特色農產品，是一種對人體有益的鹼性食品。食用酸性的動物性食品較多的人，搭配食用魔芋，可以起到酸鹼平衡的作用。此外，魔芋還

魔芋絲產品

具有降血糖、降血脂、降血壓、養顏、減肥、通便、開胃等多種功效。
建始縣魔芋的種植基地多集中在海拔一千米以上的鄉鎮，是全國魔芋生
產種植重點縣。

水中美味：

鄂產武昌魚

一句「才飲長沙
水，又食武昌魚」，使
武昌魚這道菜享譽全中
國。武昌魚含豐富的蛋
白質和脂肪，肉質嫩
滑，味道鮮美。武昌魚
主產於長江中下游，以
湖北最多。正宗武昌魚
只有十三根半魚刺，十
三根魚刺的魚叫「鯿
魚」。鄂州市境內的梁子湖，是鄂產武昌魚的原產地，該湖湖面遼闊，與
長江相通，汛期江水倒灌，故湖水的餌料豐富、水質極好，是武昌魚生
長繁殖的搖籃。每年九月，梁子湖都要舉辦捕魚旅遊節，以展示梁子湖
的傳統漁島文化、秀美湖島風光以及濃郁水鄉風情。

鄂州武昌魚 | 楊占先攝

筆架魚肚

筆架魚肚是長江一線出產的石首鮰魚腹中的魚鰾，其形如筆架、色如

白玉，摸起來細嫩如脂，拿起來又重又滑，吃起來鬆軟香甜、入口即化，易於吸收，富含膠原蛋白、多種氨基酸和人體所需的多種維生素及微量元素。魚肚品質上乘，產量極為有限，決定了筆架魚肚的名貴。筆架魚肚宋代即

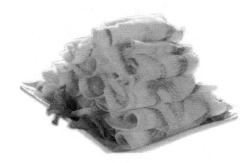

石首筆架魚肚

為朝貢極品，現在依然是走親訪友的珍貴禮品。

宜昌長江肥魚

長江肥魚，俗稱「長江鮰魚」，學名「長吻鮠」，是長江四大珍稀魚類之一。它的肉質細嫩，味道鮮美，含脂量高，魚膘肥厚，故被宜昌人稱為「肥魚」。該魚在長江中上游迴游，西陵峽一帶出產的最為鮮嫩，用其煲湯至奶白色，滑嫩爽口，異常肥美，營養價值很高。

銀魚

銀魚，生活在淡水中，俗稱「麵條魚」，身長七至十釐米，體長略圓，通體銀白、細嫩透明，無鱗無骨無刺，口感極佳，且營養豐富，有「水生人參」和「魚類皇后」之稱。中國是世界銀魚的起源地和主要分布地區，隨州徐家河水庫及宜昌長陽清江隔河

銀魚

岩電站水庫盛產銀魚。銀魚在烹飪時不需要開膛破肚，清水漂洗淨下鍋，即可烹飪佳餚，吃起來肉質緊實無刺，滋味鮮美，曬成銀魚乾後，其色、香、味、形可經久不變，易於保存。

丹江口翹嘴鮊

翹嘴鮊，是生長在長江流域的一種古老魚種，其生長週期緩慢，肉質細嫩，味道鮮美，是宴會上的佳品，人稱「長江上等名貴魚」。唐代大詩人杜甫所作的《峽隘》中「白魚如切玉，朱橘不論錢」一句的「白魚」即為翹嘴鮊。

丹江口翹嘴鮊

丹江口翹嘴鮊產於十堰市丹江口水庫，因大壩修建蓄水，形成了一個相對獨立的水生態區域。受海拔、地形及庫區恆溫條件的影響，丹江口翹嘴鮊品質特色與他處不同。其品質絕佳，味道鮮美，又有較高的藥用價值，有補腎益腦、開竅利尿之功效。

黃龍鱖魚

黃龍鱖魚，是十堰市張灣區黃龍水庫的特產。《漁歌子》中的「西塞

山前白鷺飛，桃花流水鱖魚肥」即是關於鱖魚的名句。位於南水北調中線工程核心水源區腹地的黃龍水庫，水資源和地域環境適宜黃龍鱖魚的生長。這種純天然的綠色食品幾乎沒有腥味，且肉質柔嫩，味道鮮美，富含蛋白質、氨基酸、鈣、鐵等微量元素，可謂「席上有鱖魚，熊掌也可舍」。鱖魚肉的熱量低，抗氧化物成分高，深受愛美、養生和健身人士的歡迎。

丹江口鱤魚

丹江口鱤魚產於十堰丹江口水庫獨立水生態區，是湖北特產魚類。鱤魚具有生長速度快、抗病能力強、營養價值高、肉質細嫩、味道鮮美、無泥腥味等特點。丹江口鱤魚主要有攔庫養殖、大庫自然增殖、網箱養殖三種方式，它主要以小魚小蝦為食，不同於長江流域其他地段的鱤魚，這裡出產的鱤魚肉質更佳，不僅個體大、肉品質好，而且蛋白質含量高，沒有泥腥味。

赤壁新溪春魚

春魚是咸寧赤壁市新店鎮新溪河一帶出產的一種奇特的小魚，是新店鎮有名的稀有特產。一千多年來，春魚一直是中國的名貴魚類品種之一。春魚的個體小，尖頭尖尾，與竿魚相像，吃的也少，能長時間游動。每年農曆三月三日前後，它趁著長江水上漲的水勢，逆流而上，來到新店河，在望夫山下聚集，時間長達二十天之久。身長一點五至二點五釐米的春魚體小肉嫩，當地漁民通過長期總結捕撈經驗，把捕撈「春魚」的週期按時間分為「三水」：長約一點五釐米頭水魚雖然最小，但勝在質佳量多；稍長的二水魚，長約二釐米，質次之，量約等於頭水魚；

三水魚個頭最大，約二點五釐米長，量較少。春魚因個頭小、無腥味，與雞蛋同炒芳香可口，更是湯品鮮美可口的絕佳保證。

潛江小龍蝦

潛江位於江漢平原腹地，境內有上百萬畝的湖泊河塘、宜漁低湖田、水稻田。適宜的土壤、氣候和水質環境，使這裡出產的小龍蝦尾肥體壯、爪粗殼薄、肉質鮮美。潛江也因此成為全國最大的淡水小龍蝦生產加工基地，被譽為「中國小龍蝦之鄉」。小龍蝦中的微量元素、殼聚糖、蝦青素等高效生物活性物質含量很高，能有

潛江小龍蝦

效增強人體的免疫力、抵抗力及抗衰老能力。用潛江小龍蝦烹飪的油燜大蝦，絳紅色盔甲下面暗藏著飽滿的蝦肉和膏黃，肉質潔白細嫩，味道鮮美無比。每年五月舉辦的潛江龍蝦節，都會開展龍蝦美食特色街、焰火晚會、地方文藝展演、鄉村旅遊等一系列活動。

螃蟹

「菊花開，聞蟹來」，螃蟹是秋季當仁不讓的美食之王。蟹宴可以從九月吃到春節。湖北是全國有名的產蟹大省，境內湖泊眾多，且水質清純如鏡，水淺底硬，水草豐茂，是螃蟹定居生長最理想的水晶宮。鄂州梁子湖螃蟹、荊州洪湖清水大閘蟹、孝感漢川市汈汊湖螃蟹、咸寧嘉魚縣簰洲灣螃蟹等都讓人聞之垂涎欲滴。達到國家 II 類水質標準的梁子湖，出產的螃蟹個大、肚白、肉鮮、味美。「梁子」牌梁子湖大河蟹在二

○○四年獲得原產地保護產品的殊榮。

湯池中華鱉

中華鱉俗稱「甲魚」。甲魚作為一種珍貴且經濟價值很高的水生動物，在中國歷來被視為上選的食用珍品，亦可滋補食療。孝感應城市湯池鎮，有適合甲魚生長的天然溫泉，是湖北最大的甲魚養殖基地，其出產的甲魚肉味鮮美，營養豐富，蛋白質含量高，裙邊更是膾炙人口的美味。據營養學家檢測：一百克鱉肉中的蛋白質含量達十六點五克，鈣、磷、鐵、硫胺素、核黃素、尼克酸、維生素 A 等多種營養成分的含量也很豐富。

蓮藕

湖北是千湖之省，盛產蓮藕，品種豐富，質量上乘，是全國之冠。蓮藕中澱粉、蛋白質、天門冬素、維生素 C、氧化酶等成分含量豐富，煮熟的藕性溫味甘，可以健脾開胃、益血補心，有養陰

蔡甸蓮藕

清熱、潤燥止渴、清心安神之功效。天乾氣燥的秋季是蓮藕上市的季節，「荷蓮一身寶，秋藕最補人」是民間素有的諺語。湖北尤以蔡甸蓮藕、珍湖蓮藕、洪湖蓮藕和巴河藕最負盛名。

蔡甸蓮藕是武漢特產。蔡甸位於江漢平原東端，長江、漢江繞境而

過，水源豐富。明中期的蔡甸已經開始種藕，到清朝時已小有名氣，曾作為朝廷貢品進貢。蔡甸蓮藕的外觀通長肥碩、質細白嫩、藕絲綿長、口味香甜、生脆渣少、營養豐富，既可藥用，也可食補。

珍湖蓮藕產自咸寧市嘉魚縣珍湖。珍湖湖泥烏黑深厚，深達近十米，水土肥美，是蓮藕的絕佳生長地。珍湖蓮藕的節徑圓長，藕身亮麗，生吃甜潤可口，炒食香脆，煨湯易爛，湯甜味美，蒸吃脆嫩，是招待賓客、餽贈親友的佳餚。

洪湖是全國最大的濕地保護區，在近千年水生植物的積澱下，孕育出肥沃的青色湖泥，在此地種出的洪湖蓮藕形狀長細，澱粉含量高，煮湯易爛。

巴河九孔藕是鄂東地區四大名產之一，為黃岡市浠水縣巴河鎮的特產。作為藕中珍品的它比普通的藕多兩孔，是世界上少有的「九孔藕」。它表皮是玉白色的，有豐圓的藕管和無鬚的藕節，肉脆汁多，鐵、鈣、糖和澱粉的含量豐富，生吃甜脆香口，消暑解酒，炒不變色，燉不渾湯，各種吃法皆宜。

洪湖蓮子

洪湖是中國第七大淡水湖，湖區為「四湖」諸水匯歸之地。洪湖自古就生長著大量的野生蓮藕。文獻可考的人工種植歷史也有二千多年。洪湖的蓮子大量都

蓮子

原產自當地野生蓮藕。《本草綱目》記載，洪湖蓮子是一種難得的純中藥野生植物。中醫中的蓮子是一種滋補佳品，能止血、散淤、健脾、安神。洪湖蓮子顆大粒圓、皮薄肉厚，吃起來清香甜潤、微甘而鮮，其中蛋白質、澱粉、磷脂、生物鹼、類黃酮和多種維生素等營養保健成分含量豐富，可以製成多種飲料、食品。其蓮心製成茶，有減肥功效。據稱，製作廣式月餅的最好的蓮蓉，就是取自於洪湖蓮子。

藕帶

藕帶是咸寧嘉魚和荊州洪湖兩地的特產。蓮幼嫩根狀莖的部分就是藕帶，由根狀莖頂端的一個節間和頂芽組成。《本草綱目》記載了藕帶的藥用價值：藕蓄（藕帶）氣味甘，平，無毒。宋朝蘇頌所著的《本草圖經》

洪湖藕帶｜華貴攝

載：「藕帶主霍亂後虛渴煩悶不能食，解酒食毒。」炒熟後的藕帶細脆無筋，清香濃郁，嫩鮮脆爽。以藕帶加工的酸辣藕帶、糖醋藕帶等泡菜也極受歡迎。

恩施蓴菜

蓴菜是一種野生水生蔬菜，吃起來鮮脆可口，富含酸性多糖、蛋白質、氨基酸、維生素、組胺和多種微量元素等，是稀有的綠色保健食品。全中國只有湖北的恩施州和兩湖（西湖、太湖）地區出產蓴菜，其中蓴菜品相最好、生長規模最大的是湖北恩施州利川市，有「蓴菜之鄉」之稱。

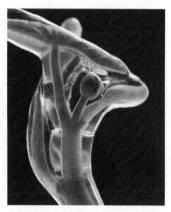

恩施蓴菜｜彭一新攝

米麵肉蛋：

京山橋米

京山橋米是荊門市京山縣獨產的大米，歷史上曾是朝貢皇帝的御米。乾、整、熟、白是京山橋米的特點，其青梗如玉，腹白個小，且顆粒細長、光潔透明，是水稻中稀有的珍品。京山特殊的土壤是優質橋米生長的溫床，橋米烹製的米飯鬆軟可口，香氣撲鼻。根據有關專家對當地橋米田土壤的分析，其中有機質、全氮、鹼解氮、全磷、速效磷含量都明顯高於周邊其他地區的產田。優良的土壤培育出來的京山橋米看起來顆粒飽滿，色澤光亮，蛋白質、氨基酸等多種營養物質的含量也極其豐富。

孝昌太子米

孝昌太子米產於湖北孝感市，是全國五大優質米之一。太子米已有一千多年的種植歷史，其顆粒橢圓，晶瑩整齊，膠質粒強，煮出來的飯香味濃郁、餈軟甜津。

蘄春珍米

蘄春珍米產自李時珍故里黃岡市蘄春。「珍米」之名來源於李時珍，《本草綱目》記載：「珍米溫中益氣，養胃和脾，常食之可以健身。」蘄春縣獨特的自然和人文環境孕育了稀有的珍米。蘄春珍米外表晶瑩剔透，做出的米飯香味醇厚、軟而不黏，是古時的皇宮御食，歷史上久享盛譽。

竹溪貢米

竹溪貢米產自鄂西北的十堰市竹溪縣中峰鎮。該鎮群山環繞，溝壑縱橫，在特有的溫差條件和泉水灌溉下，稻穀生長週期較長，出產的米質幽香，營養豐富，味道可口。竹溪貢米色澤光亮，晶瑩飽滿，質白如玉，形狀如梭，粒大個長，漿汁如乳，香甜可口，人體所需的鈣、鐵、鋅、硒等微量元素含量豐富。貢米在種植過程中不施化肥，不打除草劑和農藥，只用有機肥和生物來除蟲防病，是天然的綠色有機食品。

竹溪貢米

應城糯米

應城位於江漢平原與鄂中丘陵的過渡地帶，北緯 30° 上下，這裡陽光充足，雨量充沛，是國內最適宜秈糯種植的區域之一。應城糯米色澤乳白，顆粒飽滿，形態扁長，富含鋅等十多種微量元素，享譽全國。應城有「全國秈型糯稻第一市」之稱。

豆絲

豆絲是湖北著名傳統小吃之一，其質白、耐煮、口感好，深受消費者歡迎，是餽贈親友的佳品。比較出名的有武漢黃陂豆絲和孝感應城三結豆絲。

黃陂豆絲，原料有純天然野生葛根粉、精米、黃豆、優質麵粉、植物油等，採用傳統手工與現代工藝相結合加工而成。

應城三結豆絲以稻米為主料，鐵鍋中把綠豆或小麥磨成的漿汁攤開，烙成一張張麵皮，再把烙好的麵皮捲成筒，切成絲，攤放在籮筐或曬墊上晾曬成乾絲。平時把豆絲貯存起來，吃的時候再拿出來，比做米飯用時少，吃起來也別有風味。

英山粉絲

英山粉絲產於湖北英山，始於唐朝，在清朝達到高峰。一九三八年，在巴拿馬舉行的「萬國博覽會」上，「余正泰」粉絲獲得了銀質獎章。英山粉絲的製作材料有綠豆、豌豆、蠶豆為原料的澱粉，絲長勻細、色白晶瑩、清香可口、久煮不爛、滌脂除膩，可以涼拌素食，也可以葷素同

煮，素有「嘗盡大江南北味，佳餚佐飲數湯絲」的說法。

空心奎麵

空心奎麵是湖北知名的漢族特色麵食，每根麵條都是空心，且細如髮絲，曾被譽為「銀絲貢麵」。奎麵有嚴格的製作工藝，拌麵要水酌勻淨，攪拌均勻，和麵要熟成，搓必勻，拉必沉，這是做上好空心奎麵的必備技能。襄陽谷城石花的空心奎麵和隨州廣水的空心奎麵較為出名，因其具有色白、根細、不連條、不渾湯的特色，在消費者中口碑頗佳。

肉糕

肉糕，為湖北東部地區出產的一種漢族傳統糕點類食品，由紅薯澱粉、魚肉末、豬肉末混合後蒸製而成，吃起來味道鮮美，開胃爽口。武漢黃陂肉糕、黃岡麻城白果肉糕、咸寧赤壁肉糕在湖北省內最為出名。麻城市著名的「肉糕席」中，肉糕即是頭道菜。

肉糕

魚麵、魚糕、魚圓

湖北水產豐富，魚類眾多，由此衍生出的魚肉類產品也廣受人們歡迎，比較出名的有孝感雲夢魚麵、黃岡麻城夫子河魚麵、荊州魚糕和咸寧嘉魚簰洲灣魚圓。

雲夢魚麵製作非常講究。食材的選擇要精緻，用青、草、鱅、鯉等魚的魚肉和上等小麥麵粉、玉米粉，再輔以麻油、細鹽製成。做出來的魚麵精細過普通麵條，以「擀的麵像素紙，切的麵像花線，下在鍋裡團團轉，盛在碗裡像牡丹」著稱，是湖北特產中的精品。

麻城夫子河魚麵，俗稱「捶魚（垂魚）」，是夫子河鎮的傳統特色食品。俗語有云：「人生似水清而亮，魚麵猶絲細又長。」它的主要原料是新鮮活魚和優質紅薯粉，以民間傳統工藝加工製成，儲藏容易，做法簡單，口感滑嫩，是大別山傳統風味名菜。二〇〇六年六月，夫子河魚麵入選麻城市非物質文化遺產名錄。

魚麵晾曬

荊州魚糕，又稱「荊州花糕」「百合糕」「頭子菜」，是湖北荊州一帶特有的漢族風味小吃，做出來的成品以吃魚不見魚、魚香肉香兼具、清香滑嫩、入口即融著稱。

簰洲灣魚圓是咸寧的名優土特產，被評為嘉魚非物質文化遺產。簰洲灣又叫「西流灣」，萬里長江向東流，在嘉魚縣簰洲灣轉折向西，倒流三十里，形成回流灣，因此這裡的魚格外鮮活。簰洲灣魚圓對食材的要求很高，用的是上好的魚品，輔以複雜精細的工藝，使其製作出來圓潤潔白，鮮味濃郁，口感細膩。

宣恩火腿

宣恩火腿產自湖北恩施的宣恩縣，起源於清同治年間，採用中式火腿傳統工藝和土家苗寨醃臘技術加工豬後腿肉，食材講究，工藝複雜，是「中國四大名腿」之一。宣恩火腿之所以知名，原因有三：其一，自然環境和氣候條件適宜。作為農業大縣的宣恩縣，距大中城市遠，工業污染少，有火腿醃製、發酵所必須的溫度、濕度、雨量、日照等自然環境條件。同時，恩施州富含硒資源，因此宣恩火腿含硒，對人體有益。其二是製作工藝獨特。立冬後醃製的豬後腿，必須經過來年六月天氣的自然發酵。其三是成熟期長，要八個月以上才能完成整個製作過程。正是以上三點保證了宣恩火腿的獨特品質。

沙湖鹹蛋

沙湖鹹蛋是湖北仙桃著名土特產。溝壑縱橫、水草豐茂、蝦肥螺密的仙桃沙湖生長著一種葉闊籽密而滋味甘甜的麥黃角水草。生活在這裡的鴨子，食用這種天然飼料和蝦螺，產出蛋殼厚、蛋白濃、蛋黃紅的鴨蛋。由這種鴨蛋醃製的紅心鹹蛋，煮熟切開，可以看到凝脂白玉的蛋白和紅橘流丹的蛋黃，不僅好看，吃起來還鹹香可口，風味別緻。

沙湖鹹蛋

皮蛋

皮蛋，俗稱「松花蛋」，既好看又好吃，夏秋解暑健胃，冬春溫補健身。天門麻洋糖心皮蛋和黃岡武穴春燕皮蛋是湖北比較出名的皮蛋。麻洋糖心皮蛋是天門的名優特產之一。品質優良的糖心皮蛋帶有褐色透明的松花紋狀表面，形如圓珠的蛋黃軟而不散。武穴春燕皮蛋被譽為「鄂東第一蛋」，製作工藝特殊，個大味美，體型似琥珀的皮蛋彈力十足，看起來呈半透明狀，五彩如虹的蛋黃清香撲鼻，食之不膩且易消化，是佐酒、佐餐、餽贈的上乘美食，人體必須的多種微量元素和氨基酸的含量也很豐富。

「神丹」蛋品

湖北家禽養殖的歷史悠久，神丹健康食品有限公司是一家蛋類製品公司，位於「千湖之省」的湖北，在江漢平原分別建有年產五百多萬隻蛋鴨養殖基地、蛋雞養殖基地和一百萬隻蛋鵪鶉養殖基地，養殖基場為良好農業示範 GAP 一級。為了保證蛋品安全，該公司專門建立了配套的農場飼料生產基地。神丹健康蛋有家禽生長環境無污染、綠色飼料餵養、無鉛工藝製作、蛋品安全可追溯、富含多種生物營養素五大生產標準。

居家美食

美食製作工藝的提高，為人們在閒暇休息時提供了越來越多風味型、營養型、個性化的居家休閒零食。

鹹香肉製：

鴨肉加工系列食品

湖北的優勢資源之一就是水禽。鴨脖在鴨肉製品中最為出名。鴨脖骨肉相連，把性涼的鴨肉加以甘草、肉桂等中藥滷製，能清肝火、去內熱。周黑鴨、漢口精武、小胡鴨是湖北著名的鴨肉製品品牌。

「周黑鴨」品牌的鴨肉製品銷量一直穩居武漢特色禮品的銷售之冠。採用特殊工藝和秘製配料製作的「周黑鴨」系列鴨肉加工食品，看起來皮黑肉嫩，吃起來醇厚不膩、香鮮美味，香、辣、麻、酥、嫩十足，啃食、下酒均可，廣大消費者非常喜愛它「入口微甜爽辣，吃後回味悠長」的獨特口感。二〇一二年，「周黑鴨」還被國家工商總局認定為「中國馳名商標」。

精武鴨脖，起源武漢漢口精武路，是全國著名的武漢特色小吃。精武鴨脖的食材講究，原料是無公害的優質瘦肉型鴨，在傳統生產工藝中使用現代食品加工技術，外加幾十種名貴天然香辛料精製而成。它口味麻辣，鹹甜適中，味香入骨，肉質細嫩，高蛋白、低脂肪，讓人吃了還想吃，如今已經成為武漢的城市名片。

「小胡鴨」是湖北著名小吃，食材選用洪湖散養的荊江土麻鴨，用三十多種名貴中藥材，以傳統滷製工藝和現代殺菌技術精製而成。「小胡鴨」系列產品被稱為「荊楚一絕」，味道香醇鮮美，口感香脆，不油膩。

牛肉加工系列食品

蔡甸新農牛肉馳名武漢三鎮。「新農牛肉」滷製品對食材挑選嚴格，改進了家傳手工製作工藝流程，現已發展出三十多種滷製品，包括牛肉、牛肚、牛筋、牛百葉、牛骨頭、牛鞭、牛尾等。顏色紅潤、鮮嫩的新農牛肉吃起來細嫩有彈性，肉質緊致清香，回味無窮。

甜香糕點：

孝感麻糖

孝感麻糖是湖北著名的漢族傳統小吃，食材特選精製糯米、優質芝麻和綿白糖，加上桂花、金錢橘餅等配料，按十二道工藝流程、三十二個環節加工而成。孝感麻糖形似玉梳，色白如霜，聞起來香味撲鼻，吃起來甘甜可口，蛋白質、葡萄糖和多種維生素含量較高，能暖肺、養胃、滋肝、補腎。「麻曰脂麻，可以為油，和糯餳以為糖，曰麻糖。處處有之，而孝感獨著。」這是歷史上對孝感麻糖的描述。二〇〇六年十月，孝感麻糖被商務部授予首批「中華老字號」榮譽稱號。

黃石港餅

黃石港餅是湖北黃石漢族傳統點心，有一七〇多年的歷史，用麵粉、芝麻、冰糖、小麻油、金錢橘餅、糖桂花等十幾種上等原料製成，有鑼弦鼓邊、麻色黃亮的特點，以其鬆酥爽口、甜潤清香、順

黃石港餅

氣開胃、回味悠長和濃郁的天然麻香味，深受全國人民的喜愛。二〇一一年三月，黃石港餅被商務部評為「中華老字號」。

崇陽小麻花

麻花是漢族傳統特色小吃，由兩三股麵條擰在一起油炸而成，味道香酥可口，很受大眾歡迎。中國麻花種類豐富，各地均有知名品牌，如天津麻花、山西稷山麻花、陝西咸陽麻花、湖北崇陽麻花、蘇杭藕粉麻花等。崇陽麻花熱

雞蛋麻花

量適中，脂肪含量低，蛋白質、氨基酸和多種維生素、微量元素含量高。用它休閒品味、佐酒伴茶均可，是小食品中的佳品。

武穴酥糖

武穴酥糖，原名「桂花董糖」。傳說，一位姓董的孝子，母親生病後不思飲食，他為了讓母親吃飯，便把炒熟的麵粉中加入蔗糖、芝麻屑、桂花等製成甜點，其母嘗過，果然胃口大開。後來，這一糕點受到人們的喜愛，初名

武穴酥糖

「桂花董糖」，但很多人不明白「董糖」的意思，遂又改名為「桂花酥糖」。桂花酥糖選料講究，包括麻屑、白糖、香條、桂花等。武穴酥糖口感甜酥鬆脆，入口即化，不沾牙齒。

建始花坪桃片糕

花坪桃片糕產自恩施的建始花坪，它繼承了祖輩傳統工藝，又因建始花坪得天獨厚的自然條件，選用當地海拔一二○○米以上的糯米、同樣高海拔的景陽核桃，不斷改進和創新，在糕中加入桃仁，生產出厚薄一致、品相美觀的桃片糕。桃片糕狀如同牌，色澤若玉，片薄如紙，散開似扇，入口綿軟，食之滿口留香，回味無窮，實屬風味獨特的絕佳小吃。

咸寧桂花糕

咸寧是聞名全國的桂花之鄉。相傳明末，狀元楊升庵出自桂花飄香的書齋，讓咸寧一個名為劉吉祥的小販靈感湧現，他把收集起來的鮮桂花擠去苦水後，用糖蜜浸漬，再拌入蒸熟的米粉、糯米粉、熟油、糖，成型後裝盒出售，取名「桂花糕」。咸寧桂花糕的配料獨特，色澤潔

桂花糕

白，糕質細軟，油而不膩，滿口清香，入口即化，營養價值豐富，老少婦孺皆宜，是餽贈親友、自奉享用之佳品。

通山大畈麻餅

咸寧通山大畈麻餅有著悠久的歷史，堪稱湖廣「一絕」。大畈麻餅的配料講究，選用高級麵粉、上等芝麻、優質茶油，加冰糖、葡萄乾、陳皮、金錢橘等十幾種食料，用人工拌、揉、搓、打、削成圓形，經蒸、熏、烘、烤等環節，出籠晾乾後即可食用。

美味瓜果

湖北是全國水果生產大省之一，品種優良，且有不少頗具特色的種類。經過多年的規模化種植，長江三峽優質柑橘區、漢江優質砂梨帶、316 和 107 國道沿線優質桃棗帶、三峽庫區優質甜橙、丹江庫區優質柑橘等板塊得以形成。

秭歸臍橙

秭歸臍橙，產自長江西陵峽畔的宜昌市秭歸縣，其皮薄色鮮、肉脆汁多、香味濃郁、酸甜可口。秭歸臍橙的品種多樣，包括紐荷爾、紅肉、福羅斯特、桃葉橙等。現在，盛產臍橙的秭歸已經被國家有關部門評為「中國臍橙之鄉」。

秭歸臍橙

宜都蜜柑

宜都蜜柑產於宜昌宜都市。宜都市是中國柑橘區劃中寬皮柑橘最適宜產區，其氣候溫和、降雨豐富、日照充足、四季分明，十分適合柑橘的生長，有「中國柑橘生產優勢區域」「中國柑橘之鄉」「全國柑橘標準化示範縣（市）」的稱號。宜都蜜柑味濃化渣、酸甜適度、耐貯耐運，深受廣大消費者歡迎。

羅田甜柿

羅田甜柿產於大別山區黃岡市羅田縣，是世界上唯一自然脫澀的甜柿

品種。秋天成熟的羅田甜柿洗淨就可以直接吃。品質最好的是羅田縣三里畈鎮鼇字石村出產的甜柿。這裡的柿子個大色豔，身圓底方，皮薄肉厚，甜脆可口。鼇子石甜柿不同於別的地方出產的甜柿，它的籽粒最多不超過三顆，既方便食用，更方便加工。

羅田甜柿紅｜雷愛珍攝

板栗

板栗燒雞、板栗燜鴨，都是板栗產區的秋季美食。湖北的很多地方都盛產板栗，羅田、原始森林神農架是「板栗之鄉」。秋季去羅田、神農架打板栗每年都要吸引大批遊客。

板栗

黃岡市羅田縣境內是中國板栗主要產區。當地人工種植板栗始於春秋戰國以前，全縣各地都出產多個品種的板栗。羅田板栗果大（特級板栗每千克 40 粒以內），質優（所產板栗顏色鮮豔，營養豐富，極耐貯藏）。美國澳本大學洛頓教授被其品質和名聲吸引，不遠萬里到羅田進行實地考察，並稱讚羅田是「世界板栗的基因庫」。羅田板栗新開發的產品有栗甘露煮、速凍板栗肉、板栗粉、板栗果脯、栗羊羹、板栗汁和栗蘑等。

生長在神農架大山之中的野生板栗，因其自然生長，無農藥，生吃香脆可口，熟食粉糯香甜。

荸薺

荸薺，又名「馬蹄」，產於隆冬，其肉質潔白、脆嫩多汁、醇甘清香、營養豐富，自古有「江南雪梨」「地下人參」之美譽。荸薺能清熱化痰、消渴生津、舒肝明目、利氣通化，長期食用還可以排毒養顏。荸薺不僅含多種維生素和礦物質，還含有對金黃色葡萄球菌、大腸桿菌、綠膿桿菌等有抑制作用的荸薺英，它對高血壓也有控制效果。初春時用荸薺、甘蔗和茅草根煎水服用還能預防感冒。

宜昌當陽雙蓮荸薺和黃岡團風荸薺在湖北的名氣很大。相傳在當陽市玉泉寺的玉泉山上有一股清泉，流到山腳下，匯成池，池中湧出粒粒「珍珠」，當地人便用這泉水培育出一種風味獨特的地下「黑珍珠」，即是成名已久的雙蓮荸薺。雙蓮荸薺以個大、色鮮、味甜而著稱。

黃岡市團風縣傳統的特色農產品當屬團風荸薺，它種植在無污染的土壤之中，施有機肥，不用任何化學肥料，長出來的荸薺球莖呈棕紅色，皮薄肉白、甜脆少渣，臍部平且開裂少。團風荸薺有四百年以上的栽培歷史，由於不斷追求品質優化，團風荸薺品種被認定為「鄂薺一號」，並通過省級地方標準審定，目前是全省唯一的荸薺認定品種，這也是首個對荸薺實行國家地理標誌產品保護和第一個省級地方標準的品種。

建始獼猴桃

恩施州建始縣野生獼猴桃資源豐富，到處都有幾十年甚至幾百年的野生獼猴桃。建始獼猴桃的果實肉肥汁多，清香鮮美，甜酸宜人，貯藏時間很長。適時採摘的鮮果，常溫下能放一個月，在低溫條件下可保鮮五

六個月以上。建始獼猴桃不僅含有豐富的維生素 C、A、E 以及鉀、鎂、纖維素，還含有葉酸、胡蘿蔔素、鈣、黃體素、氨基酸、天然肌醇，這些營養成分在其他水果中都很少見。它的鈣含量是葡萄柚的二點六倍、蘋果的十七倍、香蕉的四倍，維生素 C 的含量是柳橙的二倍，營養價值遠超過其他水果。

百里洲砂梨

宜昌枝江的百里洲，有「萬里長江第一洲」之稱，它是萬里長江的一顆璀璨的明珠。這裡八萬畝的梨樹每年能出產十五萬噸砂梨，被譽為「全國砂梨第一鎮」，有近十個品種的優質砂梨，如黃花、湘南、新新高等。百里洲的砂梨

砂梨

有拳頭那麼大，顏色金黃色，汁甜如蜜，有解暑降溫、生津止渴、消熱解毒、潤脾健胃等功效。

蔡甸西甜瓜

西甜瓜，是超甜小西瓜和厚皮甜瓜的統稱。生物學上，西瓜和甜瓜並不一樣，專家從來不會合併稱呼這兩個品種。這兩個品種當時是從日本、韓國引進武漢市蔡甸區的，是武漢市的特色品種，起名「西甜瓜」是為了便於在全國流傳。

流水西瓜

襄陽市的宜城市流水鎮是全國聞名的流水西瓜基地。流水鎮被授予「湖北西瓜第一鎮」的榮譽稱號，這是因為流水西瓜的外形好、口感好、品質優。

興山薄殼核桃

古稱「邑」的宜昌市興山縣，是漢明妃王昭君的故里，地處湖北西部山區、長江西陵峽北岸。核桃是該地栽培已久的土特產。「邑產頗多，桃米可以遠貿」，明末清初縣誌中關於該地核桃這樣記載。興山核桃殼薄如紙，仁滿肉細，在中國眾多的核桃品種中非常少見。兩個核桃握在手裡，輕輕地擠壓就可以把殼捏破，是當地傳統名優特產品。二〇〇九年十二月十四日，興山縣林業科學研究所成功註冊「興山薄殼核桃」地理標誌證明商標。

來鳳楊梅

來鳳楊梅是武陵山區稀有珍果，恩施州來鳳縣有「湖北楊梅第一鄉」的美譽。來鳳楊梅有淡紫紅色和紫黑色兩種，果肉細軟，甜酸多汁，果核極小，風味獨特，口感很好，在一年中鮮果的淡季上市，深受消費者的歡迎。

貢水白柚

恩施州宣恩縣的貢水白柚口味酸甜適中、香味濃郁、耐儲存，較同類品種具有皮薄肉厚、易剝皮、無苦澀口感的特點，更是富硒有機產品。

宣恩縣曾被國家林業總局授予「中國白柚之鄉」。

四井崗油桃

鄂西北規模最大的「油桃之鄉」是襄陽棗陽市平林鎮的四井崗。四井崗油桃品種豐富，有五一八油桃、千年紅油桃、曙光甜油桃、華光甜油桃等。千年紅油桃是目前人工栽培出來的最優品種，其外表光滑無毛，果肉肥厚汁多，口感極佳。

關口葡萄

關口葡萄為恩施州建始縣特產，在恩施乃至湖北都是叫得響的鮮果名片。這種葡萄只在建始縣花坪鎮的關口鄉附近生長。關口地處建始景陽河與花坪交界的一個山埡，這裡得天獨厚的小氣候因子非常適合關口葡萄的生長，具體表現在當地地勢險要，氣候溫和，降雨量大，土地肥沃。這種環境內生長的葡萄外型呈卵圓形或近圓形，果粒大小中等，果皮較薄，色澤如碧玉般透綠，果香四溢，果肉緊湊，柔軟多汁，含有百分之十六點五至百分之十八可溶性固含物，香甜可口，令人回味無窮。

渡普菱角

渡普菱角產自咸寧渡普，無論家菱、野菱，均具有個大、殼薄、肉厚、味甜的特點，廣受青睞。「渡普街長長十里，家家戶戶剝菱米」。每年的六至八月間是菱角成熟上市之時，每個來渡普遊玩的人都會帶上幾斤菱米作禮品送給親友。

漢南甜玉米

漢南甜玉米是全國最早種植的超甜玉米品種之一。漢南有適宜甜玉米種植的沙壤土質，這裡出產的玉米口感純正香甜、柔嫩皮薄。漢南鮮食甜玉米被譽為「水果型玉米」，其中含有大量易於人體消化吸收的維生素A、B1、B2、C、礦物質和游離氨基酸等，含糖量高達百分之二十，約是常規品種玉米的一倍，比西瓜還要甜，既可生吃，又可熟食。

健康飲品

健康飲品，是追求健康、注重生活品質的優先選擇。湖北出產的香茗、蜂蜜、菊花茶、米酒、葛根粉、藤茶等健康飲品種類豐富，品質較高。

香茗

湖北自古就是中國主要產茶區，曾是全國茶葉出口三大口岸之一和全國六大茶葉生產省份之一。湖北省內有十分適合茶葉生長的多樣性的氣候，鄂西地區是優質茶葉的出產地，這裡山巒疊嶂，四季分明，常年雲霧繚繞，氣候濕潤，土壤肥沃，含有硒、鋅等多種微量元素。其中，五峰採花毛尖、武當道茶、恩施玉露、羊樓洞磚茶和遠安鹿苑茶等，均被列入國家非物質文化遺產保護名錄。

採花毛尖

採花毛尖，產自宜昌市五峰縣。《茶經》中的「峽州山南出好茶」，說的就是今天的五峰土家族自治縣。該縣境內群山疊翠，雲霧繚繞，空

採花毛尖

氣清新，雨水豐沛，適合茶葉生長，被譽為「中國名茶之鄉」。這裡出產的茶葉具有香清、湯碧、味醇、汁濃並能強身健體的特點。早在唐朝，採花毛尖就形成了獨特的製作技藝，現在，從有機茶基地的優質芽葉中挑選的採花毛尖，硒、鋅等微量元素，氨基酸，芳香物質，水浸出物等含量極高，能增強人體免疫力。採花毛尖外形細秀勻直，色澤翠綠油潤，葉底嫩綠明亮，茶湯色澤清澈，香氣高而持久，滋味鮮爽回甘。

武當道茶

中國有四大特色名茶，即西湖龍井、武夷岩茶、寺院禪茶、武當道茶。而武當道茶與寺院禪茶又並稱為「中國兩大宗教名茶」。禪茶中有茶機，道茶中有道理。武當道茶憑藉其優異的品質，歷經千年名聲愈盛。武當山位於中國的中部，大致在北緯 36° 附近。夏無酷暑，冬無嚴寒，四

季無大風且土質好、氣候佳、雨水豐沛，十分適宜茶樹生長。優異的環境培育了品種優良的武當茶樹，其茶葉肥壯，有「仙山雲霧」之稱。

恩施富硒茶

恩施州地區的土壤中富含硒元素，被譽為「世界硒都」。有「天賜的富硒茶」之稱的恩施茶廣受人們的歡迎。恩施富硒茶的代表有恩施玉露、綠林翠峰、伍家台綠針、霧洞貢羽、極葉高山野茶，其中品質最好的是恩施玉露。它始於清康熙年間，茶農沿用中國唐代的蒸汽殺青方法，是中國目前保留下來的數量極少的傳統蒸青綠茶。其古老的製作工藝及所用工具與陸羽《茶經》中的記載很接近。恩施玉露的選材要求極嚴，只要細嫩、勻齊的芽葉，成茶條索緊細，色澤鮮綠，勻齊挺直，狀如松針；泡好的茶湯清澈明亮，香氣清鮮，滋味甘醇，葉底色綠如玉。其最顯著的特點為「三綠」：茶綠、湯綠、葉底綠。恩施玉露在一九六五年和二〇〇九年分別被評為「中國十大名茶」和「湖北省第一歷史名茶」。

羊樓洞磚茶

磚茶也叫「蒸壓茶」，因為外形似磚而得名。磚茶的製作工藝複雜，先將毛茶曬青，還要經過篩、扇、切、磨等過程製成半成品，再經過高溫蒸壓成磚。唐代，咸寧赤壁羊樓洞古鎮已經開始產茶，明清時興盛，是中國磚茶之鄉和茶馬古道的源頭。「羊樓古巷青石幽，洞莊百年木

羊樓洞磚茶

樓秋，千載修得茶香繞，觀音泉韻洗風流」，描寫的就是羊樓洞著名的觀音泉和洞莊磚茶史。屬於後發酵茶的羊樓洞磚茶與別的茶不同，磚茶存放的時間長短與其香氣和價值是成正比的，有「可入口的古董」的美稱。羊樓洞磚茶泡後陳香濃厚，茶湯紅濃明亮，口感醇厚回甘，並且陳料持久，二十泡之後的口感依舊香醇，頰齒回甘。

鹿苑黃茶

鹿苑黃茶產於宜昌市遠安縣。遠安位於荊山山脈向沮漳平原的過渡地帶，鐘靈毓秀，山水潤澤，是全國四大黃茶產地之一。鹿苑黃茶製作工藝精湛、品質上乘，為輕發酵茶。其生產工序有殺青、炒二青、悶堆、揀剔和炒乾等。形成鹿苑黃茶特有品質的重要工序是悶堆，即在竹盤內堆滿茶坯，將其拍緊壓實，上蓋濕布，悶五至六個小時，促其色澤變黃。製作好的鹿苑黃茶色澤金黃，白毫顯露，條索呈環狀，俗稱「環子腳」。沖泡後湯色綠黃明亮，滋味醇厚甘涼。《中國茶經》《中國名茶研究選集》和多部高校茶葉加工教材之中均收錄了鹿苑黃茶製作工藝，在茶類研究中的地位堪比西湖龍井、黃山毛峰、君山銀針。

鄧村綠茶

鄧村綠茶產自宜昌市夷陵區鄧村鄉，被《中國茶經》等茶典收錄。夷陵是中國著名茶葉產區，鄧村綠茶屬針形芽茶，它品質上乘、形美壯實、色潤綠亮、茶香持久、味濃鮮爽，廣受歡迎。二〇〇八年，在首屆中國名茶之鄉評比中，鄧村獲得「中國名茶之鄉」稱號。

利川紅茶

利川位於湖北最西部的恩施州，北緯 30° 左右，氣候宜人，四季如春，山青水綠，全市森林覆蓋率高達百分之七十二。利川有上千年的種茶歷史，有適合茶葉生長的生態環境及氣候、土壤、海拔等條件，當地加工的工夫紅茶的特點為「香、甜、滑」。近一六〇多年來，利川一直是出口宜紅工夫茶的主產區和中國出口歐盟紅茶的主產區。

英山雲霧茶

英山位於湖北東北部的黃岡境內，大別山南麓主峰——天堂寨是英山雲霧茶的出產地。高山雲霧出好茶，品質上佳的英山雲霧茶來源於峰巒疊翠、雲霧繚繞的優越生態環境和氣候條件，英山也因此被評為「中國茶葉之鄉」「全國無公害茶葉生產示範基地」。在高山和半高山茶場出產的英山雲霧茶香高、味醇、耐沖泡，有提神療煩、解熱止渴、消食除膩、殺菌消炎、防齲固齒、減肥健美、和胃利尿、明目清心、解煙醒酒、降壓除脂的功效。

龍峰茶

龍峰茶產自十堰市竹溪縣。竹溪位於秦嶺南麓、大巴山脈東段北坡，秦巴山區為茶樹原產地，唐代陸羽《茶經》記載的「山南」茶區就包括這一地區。山峰霧騰如龍的龍王埡是該產品的核心產區，此地產的茶葉鋒苗挺拔，沏泡後的茶葉如百龍競游一般，所以叫「龍峰茶」。龍峰茶外型緊細，色澤嫩綠光潤，被收入《中國名茶原產地茶品目錄》。國家有關部門授予竹溪「中國茶葉之鄉」「中國有機茶之鄉」的稱號。

伍家台貢茶

伍家台貢茶，是指產於恩施州宣恩縣伍家台的茶葉。伍家台貢茶，早在清朝就被乾隆御筆「皇恩寵錫」，其茶湯色清綠明亮、味甘，有一股熟板栗的香氣。沖泡的次數不同，顯示的茶色也有差異。第一杯，湯清色綠，甘醇香郁；第二杯，深綠中透淡黃，熟栗香郁；第三杯，湯碧泛青，芳馥橫溢。此外，把上一年產的春茶密封在罈子裡，到第二年飲用，其茶湯仍有新茶所具有的色、香、味、形。

伍家台貢茶

大悟綠茶

大悟綠茶生長在孝感市大悟縣。地處丘陵山區的大悟，主要是酸性或微酸性沙壤土，且位於亞熱帶季風氣候區，這裡獨特的自然條件適合茶樹的生長，所以大悟一直都是湖北重要的茶葉產區。大悟綠茶葉莖細、肉厚、礦物質和茶素含量高、品質佳，有雙橋毛尖、大悟壽眉、金鼓露毫等品種。

黃梅禪茶

黃梅禪茶產自黃岡四祖寺、五祖寺北面的紫雲山。古代禪宗四祖、五祖及寺中禪人采煮的山茶，是黃梅禪茶名字的由來。黃梅禪茶的茶質優勝，汁濃香醇，為歷代禪師坐禪、待客之首選。

黃梅禪茶｜徐華攝

蜂蜜

蜂蜜被譽為大自然中最完美的營養食品，神農百花蜜和咸寧野桂花蜂蜜在湖北所產的蜂蜜中較為出名。

神農百花蜜

神祕的北緯 30° 貫穿湖北境內，這裡有神奇的地貌和豐富的物產。神農架的百花蜜就是其中的代表。百花蜜產在這片神祕的大山中，懸崖上分布著密密麻麻的蜂巢，這些神農架本地的土蜂，採集百花釀蜜，富含人體所需的氨基酸、維生素 A、B 和人體所需的鈣、磷、鐵、鋅等微量元素。長期食用神農百花蜜，有健身增智、駐顏美容、養肝護脾、增強免疫力的效果。

野桂花蜂蜜

產自咸寧市崇陽縣的金塘高山上的野桂花蜂蜜，素有「蜜中之王」之稱。無農藥殘留和病蟲污染的野桂花蜂蜜，色澤潔白透明，氣味芳香，溶於水後色澤不變，純度較高，濃度高的甚至能用紙包裹，含有豐富的鐵、鈣、蛋白質、維生素、核黃素等，對治療高血壓、心臟病、動脈硬化等疾病有輔助功效。

麻城福白菊

麻城福白菊產自黃岡麻城北部山區的福田河、黃土崗等鄉鎮。中國藥用保健白菊花有三大產地：湖北麻城、浙江桐鄉和江蘇鹽城。其中，湖北麻城現有約五萬畝菊花田，年產量五千噸左右，是全國最大的藥用菊

麻城福白菊採摘

花生產基地。麻城福白菊的特點是朵大肥厚、花瓣玉白、花蕊深黃、湯液清澈、金黃帶綠、氣清香，味甘醇美，既可食用也可入藥，能散風清熱、明目解毒，被中藥界稱為「廣譜抗生素」。經湖北省食品藥品監督檢驗研究院等權威機構檢測，麻城福白菊的綠原酸和總黃酮的含量高於藥典標準，為其他品種的菊花不能比擬，因此其被譽為「藥膳佳餚，飲中極品」。

孝感米酒

孝感米酒，是孝感市知名特產，有著上千年歷史。它選料嚴格，選取孝感出產的優質糯米；製法傳統，用孝感歷史承傳的鳳窩酒麴發酵釀製而成。孝感米酒白如玉液，清香襲人，甜潤爽口，濃而不沾，

孝感米酒

稀而不流，食後生津暖胃，回味深長。毛澤東在一九五八年到孝感視察工作時，品嚐過孝感米酒，並誇其「味好酒美」。

葛根粉

野生葛根粉，因富含異黃酮、葛根甙、生物鹼等，可增加心腦血管供血、降血糖、解熱，其鐵、鋅、鈣、磷、鉀以及多種氨基酸的含量也很豐富，被中國衛生部認定為藥食兩用品。隨州市隨縣有大量的葛根資源，野生葛根在大洪山和桐柏山中隨處可見。此外，十堰鄖西縣、荊門鐘祥市客店鎮和張集鎮的野生葛根產區面積也較大。

來鳳藤茶

來鳳藤茶是恩施州來鳳縣的特產，為重要的食藥兩用植物資源，有清熱解毒、抗菌消炎、祛風除濕、強筋骨、降血壓、降血脂和保肝等功效。中國藥科大學等科研單位對藤茶提取物進行研究，發現其中富含蛇葡萄素及雙氫楊梅素等黃酮類化合物，最小抑菌及殺菌濃度和等量黃連素差不多，迄今未發現任何毒副作用。在缺醫少藥的年代，民間常用其防治高血壓、感冒發熱、濕疹、皮炎、心腦血管等疾病。用傳統技術與現代工藝精製而成的藤茶產品，可以直接用開水浸泡服用，甘甜清香，久有餘韻。

滋補藥材

滋補與養生，向來是中藥之所長。湖北蘄春是醫聖李時珍故里，也是著名的中草藥藥材基地。湖北出產了很多優質的藥材，有相當一部分是

居家保健、滋補養生不可缺少的好幫手。

板橋黨參

板橋黨參是中國四大黨參之首。平均海拔高度一六六六點五米的恩施州恩施市板橋鎮，最適合黨參生長。這裡春秋相連，冬季寒冷，年平均氣溫約 10℃。板橋黨參條直且長、頭小、身粗、尾細、皮皺、獅子頭、泥鰍尾、分枝少、糙米色、菊花心、糖質軟，吃的時候沒有殘渣，曬乾後不返糖，故可以長期保存。板橋黨參富含揮發油、黃芩素、多種葡萄糖、微量生物鹼、皂貳、蛋白質等成分，每克含硒量達 0.04ppm，具有補

板橋黨參

氣血、養脾胃、潤肺生津、治療身體虛弱之功能，可燉肉吃，泡酒飲，是調理身體、提高免疫力的最佳食材之一。

襄麥冬

襄麥冬產於襄陽市，具有養陰生津、潤肺清心、除煩安躁等功效。麥冬所含主要成分與人參相同，且已經被研究證明，是提高人體免疫力的首選中藥材。國內出產的麥冬主要有三種：川麥冬、襄麥冬和浙麥冬。其中，襄麥冬是主要的保健品原材料，其他麥冬在治療糖尿病的功效上遠遠比不上襄麥冬。襄麥冬單產高於川、浙麥冬，襄陽市歐廟鎮是中國三大麥冬產地之首和「中國麥冬之鄉」，這裡的麥冬品質優，特點是白、乾、淨、勻、大。常飲麥冬不僅能緩解肺燥乾咳、心驚失眠、腸燥便秘

等症，也能預防和輔助治療心腦血管疾病。

潛半夏

半夏，作為中國中藥寶庫中的一味重要藥材，只出產在亞洲的中國和日本。它能燥濕化痰、和胃止嘔，可以治療痰濕水飲、嘔吐、咳喘等症。潛江是中國旱半夏的主要產區，所以潛江產半夏有「潛半夏」之譽。

蘄艾

蘄艾是產於蘄春縣一種艾草。明代醫聖李時珍的故鄉就在蘄春。蘄春一帶四季分明、氣候溫和、雨量充沛，為亞熱帶大陸性季風氣候。全縣森林覆蓋率百分之五十七點三，有良好的生態環境、清新的空氣和清潔無污染的水質，非常適合中藥材的生長。《本草綱目》記載的一八九二種中藥材，有一千多種在蘄春生長。味苦而辛且無毒的蘄艾，莖、葉均可入藥，洗熏服用皆可，含十七種已知化合物，其他地區所產艾葉中揮發油含

艾鄉艾香｜華仁攝

量、總黃酮含量、燃燒發熱量等遠遠比不上蘄艾，能溫中、逐冷、除濕，治療多種疾病。蘄艾油在治療平喘、鎮咳、祛痰及消炎等方面有顯著的作用。

蘄春薏苡仁

薏苡產自蘄春北部山區，是當地特產。薏苡的稱呼很多，有六穀子、苡仁、薏仁米、苡米、溝子米等，入藥的是其種仁，可以利水滲濕、健脾止瀉。薏苡富含亮氨酸、精氨酸、賴氨酸、酪氨酸等氨基酸成分和脂肪酸、糖類，是藥食兼優的佳品。

竹溪黃連

十堰市竹溪縣，地處大巴山脈的東段。植物普查顯示，竹溪境內有二二○○餘種植物，其中有一二○○多種藥用植物，因此這一帶素有「竹溪草木半是藥」的說法，著名的「秦歸川連」的主要產地就在這裡。平均海拔在一千米以上的竹溪南部山區的五個鄉鎮，出產的藥材地道，藥性較好。其中味連、川連、佛手連等黃連，在醫藥界被稱為「北岸連」，其外觀金黃，截面似菊花，生物鹼、黃柏酮和黃柏內脂等含量豐富，有清熱燥濕、瀉火解毒的藥效。

美酒佳釀

酒是人類日常生活中的主要飲料之一。近年來，發展較快的釀酒業，成為湖北輕工行業的支柱之一。小酌怡情，湖北的許多品牌酒獲得老百姓的喜愛，成為生活中的美味伴侶。

白酒

湖北白酒的總產量排在全國第四，僅次於山東、四川、安徽。湖北所產獲得中國馳名商標稱號的酒類有黃鶴樓、白雲邊、枝江、稻花香、關

公坊、石花、黃山頭、珍珠液以及勁酒等。

黃鶴樓

黃鶴樓酒，舊稱「漢汾酒」，是武漢黃鶴樓酒廠的知名產品。一九二九年，漢汾酒就在中華國貨展覽會上榮獲一等獎。二〇〇六年一月，黃鶴樓酒被中國食品工業協會、白酒專業委員會授予「純糧固態發酵白酒」標誌證書，這是湖北首個獲此殊榮的白酒企業，成為湖北白酒的風向標。二〇一一年，商務部認定黃鶴樓酒為「中華老字號」。黃鶴樓酒的原料為優質高粱，用大麥、豌豆加工的清麴、紅心麴、後火麴為糖化發酵劑，以地缸分離發酵，用石板密封，經量摘酒、分級貯存、精心勾兌而成。黃鶴樓酒的酒液清澈透明，酒味清香純正，入口醇厚綿軟，後味爽淨綿長。

白雲邊

白雲邊是湖北白雲邊股份有限公司的產品，產於荊州松滋市。東臨江漢平原、西倚巫山餘脈、南接武陵、北濱長江的松滋，經常吹東南風，氣候溫和，土地肥沃，盛產糧食，釀酒的歷史悠久。「南湖秋水夜無煙，耐可乘流直上天。且就洞庭賒月色，將船買酒白雲邊。」這是唐朝著名詩人李白在西元七五九年秋遊洞庭，乘流北上，夜泊湖口

白雲邊商標

（今湖北松滋市境內），借湖光月色興起而作。美酒絕句造就了白雲邊酒。白雲邊酒芳香優雅，醬濃協調，綿厚甜爽，圓潤怡長，輕工部認定

其為全國濃醬兼香型白酒的典型代表。

稻花香、清樣、關公坊

稻花香是中國著名白酒,產自宜昌市夷陵區龍泉鎮,是稻花香集團知名產品。龍泉鎮氣候溫和、四季分明、山清水秀、泉水清澈。稻花香集團旗下的「稻花香」「清樣」「關公坊」等品牌,被國家工商總局先後認定為「中國馳名商標」。二〇一一年,國家商務部授予其「中華老字號」稱號,同年九月被評為「中國新八大名酒」,是中華人民共和國成立後第一個入選中國八大名酒的湖北白酒品牌。

稻花香集團旗下白酒均採用法官泉水精心釀造,這種泉水通過了國家衛生部、地礦部「國家飲用天然礦泉水評審組」鑑定,符合飲用天然礦泉水的國家標準。原國家地質礦產部一三六號優質礦泉水指的就是法官泉地下泉水,這裡方圓數十公里內沒有任何污染源,泉水中富含鍶、鈣、鋅等多種對人體有益的微量元素,水質酸鹼度平衡。稻花香集團用封閉式管道將法官泉礦泉水引進廠來釀酒,使稻花香酒窖香濃郁、醇厚、醇甜。

清樣酒是稻花香白酒中的高端產品,其食材是地窖窖藏多年的「特優級」稻花香原漿老酒,配方、窖池、溫度、工藝控制的經驗等多種因素都會對其釀造有影響。每一瓶清樣酒均有自己的獨立編號。清樣酒的特點是:清亮透明、酒香濃郁、綿柔醇厚、口感細膩、餘味悠長,很好地融合了濃香型白酒以及醬香型白酒的特點,形成了一種全新的風格。

關公坊以酒體柔和、五糧復合、陳香突出為特點,屬醇爽淡雅型白

酒，餘味悠長，具有好入口、好下喉、不口乾、不上頭的特點。

枝江大麴

枝江酒業股份有限公司是湖北規模最大的白酒生產企業，其前身為一八一七年創辦的「謙泰吉」槽房，釀造白酒的歷史已經有二百年。枝江大麴、枝江小麴是公司生產的兩大系列白酒，榮獲省部級優質產品獎和國際質量大獎一百餘項。枝江大麴是其主導產品，具有酒香秀雅、口味綿甜清爽、酒體飽滿的特點。

石花霸王醉

湖北省石花釀酒股份有限公司，位於千年古鎮——襄陽市谷城縣石花鎮，一八七〇年（清同治九年）創立的「石花街黃公順酒館」是其前身，作為中國白酒行業著名的百年老店已經有一四〇多年的歷史。先秦時期的石花鎮，就擁有釀酒的傳統工藝。石花鎮留有楚莊王的詩文：「雙泉液兮瓊漿，醇芳襲兮甘柔，玉斛傾兮壽康，祈國興兮民強。」當時的石花酒就叫「石溪雙泉液」。

石花霸王醉以「上好原酒、二十年窖藏、原汁灌裝」三大特質和70°的極致口感榮獲「中國高度」「湖北名片」等美譽。酒體醇厚、豐滿的石花霸王醉，雖然度數屬於在全國白酒中少見的 70°，卻有度高不膩，飲後口不乾、頭不疼的特點。

黃山頭酒

黃山頭酒是湖北黃山頭酒業有限公司的知名產品，產於湖北荊州市公

安縣藕池鎮,這裡有近百年的釀酒歷史,如今繼承了傳統的混蒸續糟、泥窖固態發酵工藝的湖北黃山頭酒業有限公司,不斷引進新技術和新工藝,形成了黃山頭酒「窖香濃郁、綿甜甘爽、香味協調、尾淨餘長」的獨特風格。黃山頭大麴一九七八年被評為湖北省濃香型白酒第一名,一九九〇年獲全國首屆輕工業產品博覽會銀獎。

珍珠液

珍珠液是湖北珍珠液酒業有限公司的知名產品,產地位於襄陽市南漳縣城。南漳地處北緯 31°,位於世界六大蒸餾酒產區,這裡有釀製珍珠液酒所需要的上等原糧和絕佳的釀酒生態環境。俗話說:「水是酒中血,水為品之上。只有名泉水,才能出佳釀。」南漳珍珠泉的泉水是湖北珍珠液酒業有限公司的唯一原料,加上珍珠液古酒配方和貴州茅台國酒工藝的使用,並採用獨特的「地藏法」,使釀出的珍珠液酒醇厚芳香、幽雅細膩,入口甘美,飲後神怡,回味悠長。珍珠液系列酒類產品已經獲得省、部級以上質量大獎二十餘次。

勁酒

勁酒是湖北勁牌酒業有限公司生產的藥香型白酒,產於湖北大冶。湖北勁牌酒業有限公司創立於一九五三年,是專業的保健酒釀造公司,勁酒是其主打產品,釀造選用的基酒是幕阜山泉釀製的清香型小麴白酒,嚴格選擇藥材,使用新升級的數字提取技術,數字提取過濾藥材無效成分和雜質,使藥材苦味得到有效降解,從而提升產品的品質和功能,使酒體更穩定,口感更柔順。勁酒中富含多種皂甙類、黃酮類、活性多糖等功能因子和多種氨基酸、有機酸和人體所需的微量元素等營養成分,

勁酒生產線燈檢

是國家衛生部正式批准的「抗疲勞、免疫調節」保健品。勁酒擁有良好的口感，同時又具有酒的屬性和獨到的保健功效，滿足了消費者享受飲酒樂趣和滋補調理身體的需求。

黃酒

　　黃酒，又稱「米酒」，是漢民族特產酒，為世界上三個最古老的酒種（黃酒、葡萄酒、啤酒）之一，採用麴製酒複式發酵工藝釀造，是中國釀酒技術的典範。

襄陽黃酒

　　襄陽黃酒產自襄陽，具體起源年代不可考，但在唐代已有明確記載。它俗稱「黃酒」，實為乳白色，味微酸甜，略帶酒味。通常要在製作時加入酒漿，度數只有 2° 至 3°。糯米是釀造襄陽黃酒的最基本原料，黃酒用傳統的古法釀製而成，具有香氣濃郁、甘甜味美、風味醇厚的特點，其

中氨基酸、糖、醋、有機酸和多種維生素等含量豐富。溫飲黃酒有促進血液循環和新陳代謝、補血養顏、活血祛寒、通經活絡的作用，對於抵禦寒冷刺激、預防感冒也有一定的效果。

房縣黃酒

房縣黃酒屬北方半甜型米酒，產自十堰市房縣，歷史悠久，可上溯至西周。因其顏色玉白或微黃，故稱「黃酒」。西元前八二七年，周宣王就封其為「封疆御酒」。漢朝的房縣黃酒普及程度高，是達官貴人的隨葬品之一。十堰市房縣七里河一九七四年出土的漢墓中就有大量裝黃酒的酒具，在其中一個大罈子中甚至還有黃酒存留。房縣黃酒在唐代時興盛，中宗李顯被廢，貶為盧陵王之後流放到房陵（今房縣），房縣民間釀方被隨行七二○名宮廷匠人加以改進。李顯登基後，房縣黃酒被封為「皇帝御酒」，俗稱「皇酒」。房縣黃酒釀造的區域性極強，要想釀出房縣黃酒特有的味道，只能用房縣的小麴、糯米、溪水和地下水。酒性溫和、酒味甘醇綿長的房縣黃酒帶有一種特殊的馨香，鮮甜可口，喝不上頭，可以通經養顏、養脾扶肝、舒筋活血、提神、禦寒、增進食慾、健體強身。

麻城東山老米酒

東山老米酒，產於黃岡麻城市東部山區的木子店、東古城一帶，有上千年的釀造歷史，唐代杜牧、北宋蘇軾均對其讚不絕口。其選料極為嚴格，只能用精選的上等糯米、純淨的山泉、獨特的綠色植物酒麴經自然發酵釀造而成。該酒色似海棠，香氣如蜜，質濃而不傷脾胃，淡而不乏後勁。含有多糖及還原糖、蛋白質和十六種氨基酸，以及鈣、鈉、鎂、

鋅、錳、鐵、維生素 B 等營養物質。老米酒與當地人們的日常生活不可分離，「老米酒，蔸子火，除了皇帝就數我」就是當地人對老米酒的讚揚。

啤酒

金龍泉啤酒是湖北所產的知名啤酒，由湖北金龍泉集團生產，產自湖北荊門。金龍泉啤酒的釀造比較複雜：優質漳河水是主要原料，先進的工藝設備和獨特的發酵技術是其釀造必備條件，這樣才能釀造出清爽怡人、細膩爽口的啤酒。曾在國內外啤酒質量評比中獲得三十餘次大獎的金龍泉啤酒，是國家首批質量認證產品，人民大會堂國宴特供酒和中華人民共和國成立五十週年慶典國宴用酒中就有它。目前，金龍泉啤酒有 40 多個品種，分 8°、10°、11°、12° 四類。各種精品高檔和普通中低檔啤酒類型兼具，瓶裝、易拉罐裝和桶裝均有，深受廣大消費者的喜愛。

紅酒

十堰武當紅屬於濃漿全汁野葡萄乾紅，釀造材料是秦巴山區純天然、純中國種的野生葡萄。秦巴山區北有秦嶺餘脈，南有巴山山脈，特殊的地理環境和氣候條件造就了豐富的水、熱、林、草等自然資源，非常適合中國中西部地區野生葡萄的生長。有「大自然遺存之瑰寶」之稱的秦巴山區野生葡萄，表皮呈深紫黑色，酸甜多汁，糖分較低，漿果營養價值高，具有原生態、純天然、無污染等特色，是加工生產野生葡萄酒的上好原料。十堰武當紅有軟化血管、養顏、排毒的功效，口感香醇，適量飲用有益身體，更是女性美容養顏的良品。

湖北名煙

　　湖北名煙主要為黃鶴樓系列品牌香菸。武漢市長江南岸蛇山之上的黃鶴樓是江南三大名樓之一，也是黃鶴樓香菸名字的由來。該品牌始創於二十世紀三〇年代，於一九九五年全新上市。黃鶴樓一九一六產品在二〇〇四年問世。發展迅速的黃鶴樓品牌如今已與中華、玉溪、芙蓉王等中國名煙齊名。「天賜淡雅香」是黃鶴樓的口號，它已形成五大系列產品，產品對喉部基本無刺激，無雜氣，餘味舒適，成為許多高檔煙消費者的首選產品。

第三節・
日用品：中國馳名

> 湖北是製造業大省，不僅有著出色的工藝品和獨特的土特產，一些生活日用品也是備受遊客喜愛，很多產品都榮獲了中國馳名商標的稱號。

漢派服裝

漢派服裝以武漢為主要產地，穿著端莊大方、合身得體。素有「九省通衢」之稱的武漢，在二十世紀九〇年代，貿易往來的興盛曾造就了漢派服裝的繁榮。漢派服裝多以女裝為主，曾在中國服裝協會評選的全國女裝六十強中，武漢占九席。近幾年，漢派女裝吸收更多流行元素，在服裝色彩、風格上日趨時尚明快，深受成熟女性青睞。目前，已形成了美爾雅、佐爾美、太和、紅人、元田、愛帝、裕大華一九一九、冰川等漢派服裝品牌。

美爾雅

美爾雅集團的主營產品是美爾雅西服，曾榮獲國際西服行業最高榮譽「歐洲質量金獎」。該公司是我省領先的西服現代化生產企業，商務部曾授予它「重點培育和發展的出口企業」稱號，是構建湖北「鄂東服裝走廊」的龍頭企業、漢派服裝的優秀代表。

美爾雅集團結合其多年為國際禮服時裝貼牌加工的經驗，將旗下男裝定位為「商政男裝」，推出禮服、紳士西服、職業正裝、休閒裝、襯衫等系列化服飾產品。其對西服採取增加工藝技術含量的軟加工法，將現代化的機械流水作業同精巧細緻的手工製作有機地結合在一起，使一些高檔西服手工製作工藝占整個製衣流程的百分之四十以上，充分將國際高檔西服「輕、薄、柔、挺」四大流行風格融入美爾雅自主品牌的主打產品。美爾雅還成立了女裝研究所，根據女性特有的身材及氣質特點，對版型進行工藝優化，將商務和時尚元素融入到美爾雅女裝品牌文化中。女裝類型有純正的禮服系列，也有普通的商務、日常型的正裝系列，還有時裝系列、休閒系列。

佐爾美

湖北佐爾美服飾公司是以生產和經營女式服裝為主的大型民營企業，其女裝產品定位於三五至五十歲成熟女性，產品特色為在繼承中融入時尚流行元素，在創新中彰顯傳統韻味。夏季的真絲和冬天的大衣是它的兩張王牌。

該公司於一九九一年開始大規模生產絲綢系列女式服裝，開漢派絲綢之先河。一九九三年，由於成功解決了絲綢服裝縮水和褪色等問題，被行業內人士譽為「真絲大王」，絲綢服裝銷量全國遙遙領先。該品牌的冬裝羊絨大衣系列、馬海毛系列、貂毛領大衣系列等，由於用料考究、製作精良，也得到消費者的普遍認同。佐爾美公司從一九九七年到二〇〇九年連續十三年進入「全國女裝行業前十強」，先後榮膺「漢產服裝銷售第一名」「湖北名牌」「湖北省著名商標」等稱號。

太和

武漢太和服飾有限公司的產品設計理念是：選用高質的面料，配以精緻而時尚的裁剪，融合中西方服飾文化的精髓，打造體現東方女性優雅與時尚的女裝品牌。太和時裝品牌曾先後榮獲「全國最暢銷商品金橋獎」「中國女裝十大品牌」「中國國際服裝服飾博覽會女裝金獎」「湖北名牌產品」「湖北省著名商標」「中國馳名商標」等多項榮譽。

紅人

武漢紅人實業集團股份有限公司是一家以服裝生產為主體的民營企業集團。紅人女裝以簡潔、大方、高雅、成熟、時尚的風格，考究的做工，上乘的質量，精美的配件，受到廣大女性的青睞。紅人品牌曾連續獲得「湖北名牌」「湖北省著名商標」「中國名牌」「中國馳名商標」等榮譽稱號。最近，紅人又推出全新的「寶卡納」品牌，走時尚、職場女性路線。

元田

武漢元田製衣有限公司主營女式時裝、成品套裝。其以優雅、大方、時尚為主題，融入商務、休閒、簡練的風格，用料考究、舒適性強，易打理，在簡潔的基礎上求新求變，在品牌特色的基礎上追求整體的協調統一，強調服裝的系列化和相互間的搭配。元田品牌先後榮獲「湖北名牌」「湖北省著名商標」「中國馳名商標」等榮譽稱號。

愛帝

武漢愛帝集團有限公司是一家以生產、銷售針織內衣、運動休閒功能服裝為主的大型針織服裝企業。「愛帝」內衣以其傑出的專業品質多次榮獲「消費者信得過商品」「中國名牌」「中國馳名商標」等榮譽稱號。公司產品不僅享譽國內，還遠銷中國香港，甚至日本、孟加拉、澳大利亞、美國、歐洲等國家與地區。

愛帝集團以針織產業為主導，配備了研發中心、服裝展示中心等，建成集約化、標準化、產業化、物流化的針織產業鏈，已成為華中地區規模較大、技術設備較先進的針織服裝研發、生產、銷售、物流中心。

裕大華 1919

武漢裕大華紡織服裝集團有限公司的前身是創立於一九一九年的武昌裕華紗廠，它參與和見證了中國民族紡織業從無到有、不斷發展進步的歷史過程，是一家百年企業，也是武漢地區唯一的國有紡織服裝企業。

裕大華 1919 是百年裕大華在重組轉型後推出的一個定製服裝品牌。該品牌主打商務男裝個性定製，以傳承百年經典、彰顯工匠精神和時尚個性形象塑造為核心，以面料輔料可定製、個人徽章可定製、色彩搭配可定製、結構設計可定製等理念，為商務菁英人士打造個性化形象。

冰川

誕生於一九五二年，具有悠久歷史的冰川品牌是新中國屈指可數的羽絨製品品牌。其做工精細，穿著得體舒適，防水防靜電，含絨量高，洗

滌、晾曬便捷且保持蓬鬆，曾被評為「武漢名牌」「湖北名牌」「湖北省
著名商標」等。此後數十年，冰川鵲起於國內市場，並大量出口至歐
洲、美國等地。

二〇一五年十一月，冰川成為武漢裕大華紡織服裝集團旗下品牌，由
「裕大華」重塑，引入更多時尚元素，產品不再侷限於羽絨服，而是向男
裝四季服裝轉型，主打年輕化潮服。重生後，冰川的品牌以「時尚來自
於生活融入生活」的理念為依託，這不僅是冰川作為中國羽絨服行業歷
史寫照在新經濟環境下的重生，也表明一個中國馳名商標希望繼續在互
聯網時代創造輝煌的願景。

廚房用品

廚房用品是每個家庭日常生活中必不可缺的。一件好的廚房用品，能
夠給使用者帶來美好的生活享受。

曹正興菜刀

曹正興菜刀是武漢名牌產品。它刀刃鋒利，具有前切後砍、切薑不帶
絲、切肉不帶筋、砍骨不卷刃的特點。因為湖北人有砍骨煨湯的生活習
慣，清代道光元年建立的曹正興刀鋪為了方便人們吃肉骨頭，發明了前
薄後厚、口薄背厚、切砍兼用的錐形刀板。在選料、鍛坯、夾鋼、淬火
等工序上要求極嚴的曹正興菜刀，製造工藝獨特，在海內外口碑很好，
深受人們的喜愛。

寶石花漆筷

　　寶石花漆筷是恩施知名產品。它選用罕見的紅木、烏木、黃楊木、核桃木、櫻桃木、柚木、花梨木等多種優質名貴木材製作筷胚，輔以利川壩漆和來鳳金絲桐油等綠色環保塗料塗裝，飾以五光十色的天然貝殼、珍珠粉等，用純手工經過百餘道工序磨製而成。色澤豔麗、古樸典雅的寶石花漆筷，具有耐高溫、耐摩擦、無毒無味的品質，具有很高的鑑賞、裝飾、收藏價值，多次獲得省部級精品獎，是民族產品中的一顆璀璨的明珠，被指定為第十一屆北京亞運會專用餐具。

寶石花漆筷

漢繡的古老源頭應是「楚繡」。據專家們的田野調查和考古研究發現，從春秋中期到戰國時期，楚國的刺繡品就已遠銷到中亞波斯和西伯利亞地區。地處南方的楚國絲織業，足以代表當時中華絲織品工藝技術的最高水平。楚國詩人屈原在《楚辭·招魂》裡，曾經如此描繪楚宮絲織的華美：「翡翠珠被，爛齊光兮。蒻阿拂壁，羅帳張兮。纂組綺縞，結琦璜兮。……翡幬翠帳，飾高堂兮。紅壁沙版，玄玉梁兮。……被文服纖，麗而不奇兮。」當時，楚文化氛圍下的浪漫絢爛風尚，加上民間戲曲發達、巫風巫術盛行，為刺繡走向民間提供了繁盛的沃土和廣闊的「市場需求」空間。

江陵馬山一號墓發掘出的戰國中期繡品，可證實楚繡的繡線顏色以紅、黃、綠、藍等亮色為主，繡品以密集的滿繡填充塊面，或虛出繡紋輪廓內的局部塊面，繡出的珍禽異獸、奇花佳卉富於虛實對比感和立體質感，色彩上也鮮豔奪目，紋飾瑰麗而典雅。漢繡正是以楚繡為基礎，融匯南北諸家繡法之長，而又糅合出富有鮮明的湖北地域特色的新繡法。

漢繡藝人介紹說，漢繡的用針，與中國著名的「四大名繡」即蘇繡、蜀繡、湘繡、廣繡都有所不同。漢繡採用了一套鋪、平、織、間、壓、纜、摻、盤、套、墊、扣的針法，以「平金夾繡」為主要表現形式，分層破色、層次分明，對比強烈。傳統漢繡營造的是豐潤華美和富麗堂皇的繁茂氣氛，每件繡品講究的是

能夠枝上生花、花上生葉、葉上又可出枝，充分體現了「花無正果，熱鬧為先」的美學原則，色彩上尤其顯得渾厚和富麗。從這點上看，漢繡的美學風格，類似興起於巴黎、卻曾瀰漫整個歐洲的極盡華麗之美的洛可可藝術。

漢繡工藝有自己的「絕活」，尤以鋪、壓、織、鎖、扣、盤、套這七種針法的變化運用而被人稱絕。技藝高超的漢繡藝人，講究下針果斷，圖案邊緣齊整，名之曰「齊針」。繡品多從外圍啟繡，然後層層向內走針，進而鋪滿繡面。除了講究「齊針」，漢繡還會根據繡品題材的不同，以及質地、紋路的變化，靈活地施以諸如墊針、鋪針、紋針、游針、關針、潤針、凸針、堆金、雙面繡等針法，使繡品富有很強的「質感」和立體感。

已屆耄耋之年的任本榮老先生，是武漢漢繡的第四代傳人，也是從老繡花街走出來的最後一位漢繡傳人。任老於一九三五年出生在漢口的繡花街，十歲時開始在青龍巷跟著老藝人學習漢繡的針法。當時，青龍巷的青石板路兩旁，全是木製的兩層樓房，沿巷開有十幾家繡坊和繡莊。

「那時候的漢繡手工作坊裡，有繡繃、繡架、花格門窗，若是店堂臨街，後面是繡坊，可稱作繡莊。」任老回憶說，「在巷道的一個拐彎處，豎著一塊標有『青龍巷』的路牌，不少人從路牌前穿巷而去。」

任老從事漢繡工藝近七十年，精通設計、繪畫、打樣、配色、針繡、成裝等漢繡全套製作技藝，是「碩果僅存」的一位通曉漢繡全套工藝的老藝術家。

「繡花街的衰敗，是從日本人侵占武漢開始的。武漢淪陷後，一條原本有著考究的建築、具有典型的清代園林風格的繡花街，連同無數漢繡精品，一夜間化為了灰燼。」這段記憶是老人心上永遠的痛疼。日本人投降，八年抗戰結束後，一些流落他鄉的繡花藝人陸續回到漢口重新開業，由最初的一戶，漸漸發展到了鼎盛時期的二十二戶，繡花街總算又恢復了一線生機。而中華人民共和國的建立，又把漢繡藝術帶到了一個新的繁榮時期。

可是，越是美的東西，越是容易被戕害。誰能料到，好景不長，到了「文革」時期，古老的漢繡藝術再一次蒙受浩劫，許多珍貴的繡品被造反的小將們付之一炬，任老的家也被抄了三次。他的師傅留給他的漢繡資料與繡品實物，全都被搜了出來，堆放在人民中學操場上，化成了一縷縷青煙。

「所幸的是，我事後在清理殘渣時，竟然還發現了一些沒有燒盡的繡品殘片。於是，我冒著風險，將這些殘片偷偷藏進了口袋裡，才使得這些焦黃的漢繡碎片得以存世。」說到漢繡資料和繡品實物的保存，任老對那些慈悲為懷的出家人感激不已。一九八四年，武昌寶通禪寺開始修復，當時因為苦於找不到可用於佛

像裝飾的佛門刺繡，禪寺住持聖參和尚十分發愁。幸好寺中有一位圓從和尚，與任老一家有些來往。從那時起，任老的漢繡作品就與禪寺結下了不解之緣，他先是承擔製作一些寺廟所需的繡品，漸漸口碑相傳，連遠在海峽那邊的台灣妙通寺，也專程來漢請他幫忙繡製經書戒和蓮花圍桌。

有一次，一家寺院請他繡製一批佛事繡品，當時他手頭拮据，無力購買針線、絹綢等材料，寺院得知後，當即拿出兩萬元給他做本錢周轉。接著又有兩家寺院找到他，一家給了他三萬，另一家給了他六萬，這在當時，可真是筆巨款。有了這十來萬元的周轉資金，任老萌生了一個宏大的念頭：應該把裝在自己頭腦裡的漢繡經典圖案一一繡製出來，傳給後世。

說幹就幹。任老開始著手實施這個美好的計劃。他不斷走訪武漢三鎮和洪湖、仙桃等江漢平原一帶民間，先後蒐集了大量清代漢繡殘片，歷時多年，終於加工、整理和繡製出了兩千餘種常見的漢繡實物圖案，為繡品藝術，也為湖北民間工藝寶庫保存下了一筆美麗而珍貴的遺產。

「漢繡從頭到尾都是『實繡』，從原生態手工設計到手工製作，不主張『虛繡』，料子也是全天然的，絕對不用化纖材料。」任本榮先生一再強調說，「漢繡用色講究富麗堂皇、雍容華貴，對比性強，它多用神色做底料，講究實繡，使作品不褪色。所以，漢繡完全

是一針針地繡出來的，功夫全在這一針一針上」。老先生堅信，只要堅守和維護好這門手藝，漢繡，這承載了千年傳統的民間藝術，是決不會消亡的。

原載《霜葉丹青》，武漢大學出版社 2016 年版

後記

　　山之南，水之北，有山水之美，有人文之妙，楚楚動人，湖北是個好地方！立足湖北上好的旅遊資源，打造湖北豐富的旅遊產品，開拓湖北廣闊的旅遊市場，是湖北旅遊人的孜孜追求。二〇一四年初，省旅遊委原主任錢遠坤提出了編寫湖北旅遊叢書的想法，並啟動了這項工作。晏蒲柳接任後，繼續對此給予重視和支持。歷時四年，終磨一劍。四年來，我們集合了省旅遊委機關有文字功底、有業務能力、有奉獻精神的十五位新銳來擔當這項湖北旅遊史上最浩大的文化工程。參加編寫的同仁克服了很多困難，他們是處室業務骨幹，崗位職責繁重，又要承擔有難度有挑戰的編寫任務。他們為此經常加班加點，耗費了大量業餘時間，犧牲了許多節假日，且不取酬勞。或許他們沒有深邃曠達的思想，沒有妙筆生花的技能，但他們對本行業的領悟思考、對湖北旅遊事業的熾熱情感、對本叢書的奉獻態度，是讓人敬佩和感動的！

　　我們既立足自身，又依靠專家；既要出精神，又要出精品。劉友凡、熊召政、劉醒龍等赫赫之名，應邀為叢書作賦。熊召政主席還欣然出任叢書顧問，審閱書稿並作序。省旅遊局原副局長陸令壽也為此書作賦以示支持。還有一批散文家、攝影家為叢書提供了精美的作品。名流、專家的介入，使本叢書洋溢著文學、藝術的氣息，使之可讀、可深

讀。在此，向為本叢書作出貢獻的專家學者表示深深的敬意和謝意！

本叢書還得到了各市州縣、林區旅遊委（局）的鼎力支持，在此一併致謝！

本叢書共四冊，分別是：《風光湖北》，涵蓋了湖北的名水、名山、名花，意在湖北的風光好看；《風雲湖北》，涵蓋了湖北的歷史名事、名人、名址，意在湖北的故事好聽；《風味湖北》，涵蓋了湖北的民俗、名食、名品，意在湖北的味道好吃；《風尚湖北》，涵蓋了湖北的名城、名村、名園，意在湖北的城鄉好玩！

在編寫過程中，我們參考了大量的資料，借鑑了有用的成果，但難以一一標明出處，望能包容！叢書內容囊括各地，但有詳有略，不一定得當，望勿計較！我們在書中試探性地給每個市州的旅遊形象提出了一句話，若有不妥，也望海涵！權且當作一種探索。

書成之日，便是遺憾之時。編者才疏學淺，書中謬誤難免，盼望且讀且諒且指正！

編　者

2018 年 4 月 9 日於武昌中北路湖北旅遊大廈

昌明文庫・悅讀中國 A0607018

風味湖北

主　　編　李開壽、唐昌華
版權策畫　李煥芹
發 行 人　陳滿銘
總 經 理　梁錦興
總 編 輯　陳滿銘
副總編輯　張晏瑞
編 輯 所　萬卷樓圖書股份有限公司
排　　版　菩薩蠻數位文化有限公司
印　　刷　百通科技股份有限公司
封面設計　菩薩蠻數位文化有限公司
出　　版　昌明文化有限公司
桃園市龜山區中原街 32 號
電話 (02)23216565
發　　行　萬卷樓圖書股份有限公司
臺北市羅斯福路二段 41 號 6 樓之 3
電話 (02)23216565
傳真 (02)23218698
電郵 SERVICE@WANJUAN.COM.TW
大陸經銷
廈門外圖臺灣書店有限公司
　電郵 JKB188@188.COM

ISBN 978-986-496-503-8
2019 年 3 月初版
定價：新臺幣 380 元

如何購買本書：

1. 轉帳購書，請透過以下帳戶
   合作金庫銀行 古亭分行
   戶名：萬卷樓圖書股份有限公司
   帳號：0877717092596
2. 網路購書，請透過萬卷樓網站
   網址 WWW.WANJUAN.COM.TW
大量購書，請直接聯繫我們，將有專人為您
服務。客服：(02)23216565 分機 610

如有缺頁、破損或裝訂錯誤，請寄回更換
版權所有・翻印必究
Copyright©2019 by WanJuanLou Books CO., Ltd.
All Right Reserved　　　　　Printed in Taiwan

國家圖書館出版品預行編目資料

風味湖北 / 李開壽, 唐昌華主編. -- 初版. --
桃園市：昌明文化出版；臺北市：萬卷樓
發行, 2019.03
　冊；　公分
ISBN 978-986-496-503-8(平裝)

1.旅遊 2.湖北省
672.56　　　　　　　　　　108003226